W0238796

Albert Schweitzer

Gespräche über das Neue Testament

Albert Schweitzer

Gespräche über das Neue Testament

herausgegeben
von Winfried Döbertin

Bechtle

© 1988 by Bechtle Verlag, Esslingen, München
Alle Rechte vorbehalten
Umschlaggestaltung: Wolfgang Heinzel, München
Umschlagfoto: Interfoto, München
Satz: FotoSatz Pfeifer, Germering
Gesetzt aus der 10/12 Punkt Aldus
Druck und Binden: Ebner Ulm
Printed in Germany 1988
ISBN: 3-7628-0480-X

Inhalt

Vorwort

Albert Schweitzer ist bekannt als Theologe, Philosoph, Musiker und als der helfende Arzt im Urwald. Er war aber auch ein bedeutender Erzähler, der sich einer für jedermann verständlichen Sprache bediente. Seine Lebensberichte zeigen das. Auch für die kürzlich in Günsbach und Frankfurt vorgefundenen und hier herausgegebenen »Gespräche über das Neue Testament« kann dieses Urteil gelten. Sie bauen auf den fachwissenschaftlichen Studien ihres Verfassers auf und möchten deren Ergebnisse an die Leser des »Evangelisch-protestantischen Kirchenboten für Elsaß und Lothringen« weitergeben, worin sie in den Jahren 1901 bis 1904 erschienen sind.
In den »Gesprächen über das Neue Testament« wird anschaulich berichtet von der Landschaft und Geschichte Palästinas, von den jüdischen Gruppen, denen Jesus begegnete, vom Wunderglauben der damaligen Zeit und wie dieser nach Schweitzers Auffassung heute zu beurteilen ist, von der »Naherwartung« des Reiches Gottes durch Jesus und seine Jünger, von der Lehre Jesu, von seinen Gesprächen mit seinen Jüngern und von anderem mehr.
Nicht alle Einzelheiten der Darstellung Schweitzers werden von der heutigen Wissenschaft so beurteilt, wie er es tat. Auch zeigen sie noch nicht die Haltung ökumenischen Verstehens gegenüber der katholischen Tradition, wie sie Schweitzer später grundsätzlich eingenommen hat. (Bei der »Gegenseite« war das oft auch nicht anders.) In einem

Nachwort soll auf all das noch einmal eingegangen werden. Der erzählerischen Bedeutung der Skizzen Albert Schweitzers zum Neuen Testament tun solche Bedenken jedoch keinen Abbruch. Deshalb sei ihre Lektüre empfohlen.

W.D.

Wachset in der Erkenntnis

Wenn jemand zum Herrn Pfarrer kommt, um etwas mit ihm zu reden, geschieht's manchmal, daß er einen Augenblick im Studierzimmer warten muß. Da hat sich schon mancher die vielen Bücher auf den Schäften beschaut und bei sich gefragt, wozu denn ein Pfarrer alle Gelehrsamkeit, die in diesen Büchern drin steht, braucht. Wenn er gelehrt reden wollte, dann würde man ihn ja nicht verstehen, und um den Glauben einfach zu predigen, wozu dient ihm denn das alles?

Andere die bleiben nicht bei der Frage stehen, sondern sie finden, das Wissen und Forschen in Sachen des Glaubens ist von Übel. Man soll einfach glauben. Die Gelehrsamkeit stiftet nur Verwirrung an und kehrt das Unterste zu oberst.

So sieht's aus; denn die Wissenschaft hat gar oft gezeigt, daß Jesus und die ersten Christen über manche Dinge des Glaubens ganz anders gedacht, als man gemeint hätte.

Es kann aber auch sein Gutes haben, wenn von Zeit zu Zeit das Unterste zu oberst gekehrt wird. Macht's nicht der Pflüger jedes Jahr mit dem Acker auch so? Ein Stadtmensch, der nichts vom Ackerbau versteht, kann's nicht begreifen, warum jetzt alles durcheinander gewühlt wird. Der Bauer aber weiß, daß man das Unkraut umfahren und die neue Erde heraufbringen muß, damit der Acker etwas trägt.

So ist auch der Glaube ein Acker, den man von Zeit zu Zeit

pflügen muß, damit das Unkraut des Aberglaubens, der Vorurteile und der Engherzigkeit umgefahren wird und der Boden für den richtigen und gesunden Glauben bereitet wird.

Es hat Zeiten gegeben, wo man auf dem Acker des Glaubens alles wachsen ließ, wie es eben kam. Das war im Mittelalter. Niemand sollte nachforschen, ob alles sich von Anfang an so verhalten habe, wie es die Kirche lehrte, ob man einen Papst, eine Messe, Absolution, Ablaß und dergleichen von jeher kannte. Als nun fromme Männer zur Zeit der Reformation den Acker betrachteten, da erschraken sie nicht wenig, statt eines Kornfeldes eine Wildnis zu haben, und es hat Schweiß und harte Kämpfe gekostet, bis sie ihn wieder einigermaßen ordentlich bestellt hatten. Sie wären damit nicht zustande gekommen, wenn Gott nicht kundige Pflüger gegeben hätte: gelehrte Männer wie Butzer, Luther, Melanchthon, Zwingli und Calvin.

Darum geben wir etwas auf Gelehrsamkeit in Glaubenssachen, so lang wir Protestanten sind. Wie es nicht genügt, daß ein Feld nur einmal gepflügt und gesäubert ist, sondern diese Arbeit jedes Jahr wiederholt werden muß, so dürfen wir uns nicht zufrieden geben, daß die Reformatoren einmal mit Aberglauben und Irrtümern aufgeräumt haben, sondern jedes neue Menschenalter muß dieselbe Arbeit an sich unternehmen, sonst wächst unversehens wieder das Unkraut.

So förderlich nun die recht angewandte Gelehrsamkeit dem Glauben ist, so verderblich ist die falsch angewandte. Das hat man erlebt bei denen, die meinten, Gelehrsamkeit tue es allein. Als ob es etwas nützte, einen Acker zu pflügen, ohne etwas darauf zu säen! Wenn im Herzen kein Glaube und keine Frömmigkeit ist, nützt alles Wissen nichts, denn der Glaube kommt nicht aus dem Verstand; dann werden die Menschen nur eitel und aufgeblasen über ihr Wissen. Nur wo Glaube und Frömmigkeit schon sind, da nützt auch das Wissen um diese Dinge etwas.

Der Glaube ist wie ein herrliches altes Bild, das wir von unsern Eltern erben. Mit der Zeit aber, durch das Licht, den Staub und die Feuchtigkeit, verliert es den Glanz der Farben. Dann muß man es vorsichtig reinigen, damit der leuchtende Farbenton wieder hervorkommt. Wer aber unvorsichtig dabei umgeht, der verdirbt es.

So soll auch die Gelehrsamkeit es mit dem Glauben halten; sie darf nicht vorlaut werden, herrisch tun, und sich mit ihrer Erkenntnis brüsten. Das ist kein rechter Gottesgelehrter, der meint, mit seinem Verstand habe er allein das Richtige entdeckt und müsse das nun, um der Wahrheit willen, in die Welt hinausrufen, wenn der Glaube der andern auch noch so sehr Ärgernis daran nimmt. Mancher hätte besser daran getan, ehe er im Eifer schrieb und redete, einige Zeit lang zuzusehen; die Wahrheit hätte darum keinen Schaden gelitten. Nicht umsonst warnt der Herr im Gleichnis, daß man nicht voreilig das Unkraut vom Weizen sondern wolle, ehe man sie deutlich voneinander erkennen könne, sondern daß man die Zeit der Ernte abwarten solle, wo man sicher ist, die rechte Sichtung vorzunehmen.

Bei uns zu Hause sät man auf das abgeerntete Feld Rüben. Wenn es nun die Zeit ist, da sieht man die Frauen behutsam auf dem Feld knien, die Stoppeln aus dem Boden ziehen, damit die aufsprossenden Pflänzlein Luft bekommen. Das ist ein Bild, wie die wahre, fromme Gelehrsamkeit mit dem Glauben umgeht: sie ist die kniende, sorgsame Magd.

Wie man mit der Wissenschaft dem Glauben dienen kann,

das haben fromme Männer schon in den Anfangszeiten des Christentums gezeigt. Der Märtyrer Justin und der Kirchenvater Origenes waren unterrichtet in allem Wissen ihrer Zeit; durch dieses Wissen haben sie mehr wirken können als andere; sie legten die Lehre des christlichen Glaubens auch den gebildeten Heiden in überzeugender Weise aus, so daß jene begriffen, man habe das Christentum falsch verstanden, wenn man es einen törichten Aberglauben schalt; denn da sahen sie, daß sie dem zustimmte, was auch edle heidnische Philosophen gelehrt hatten, nur daß es die Wahrheit noch viel reiner enthielt.
So ist die Wissenschaft nicht nur mit dem Glauben vereinbar, sondern sie klärt und belebt ihn. Das tut unserer Zeit besonders not. Zwar ist man heutzutage wißbegieriger denn je. Die Leute können nicht genug erfahren, was in der Natur vorgeht; durch seine Zeitung will jeder nach einigen Stunden schon wissen, was sich am andern Ende der Welt zugetragen hat; jedem Kind sagt man, daß nur der, welcher viel weiß, im Leben vorwärts kommt.
Aber wenn man dieselben Leute fragte, was sie vom Neuen Testament wissen, wenn sie einem sagen sollten, was in der Bergpredigt steht, dann blieben sie die einfachsten Antworten schuldig. Das hindert nicht, daß diese gerade, wenn die Rede auf die Religion und die Bibel kommt, am ersten spotten.
Diese Unwissenheit in der Bibel ist einer der schlimmsten Schäden unserer Zeit. Es ist ein Hohn auf die Reformation. Sie hat allen die Bibel zugänglich gemacht, daß jeder daraus seinen Glauben schöpfen könne – und so wird diese kostbare Gabe mißachtet. Achtlos geht die Menschheit an der Quelle der geistigen Wahrheit vorüber. Aber es kommt die Zeit und vielleicht ist sie nicht so fern, wo sie in

der Wüste des irdischen Getriebes von einem Durst nach der Quelle der Weisheit erfaßt wird, der sie zur Bibel zurückführt.

Lassen wir sie ihres Weges gehen. Wie steht es denn mit denen, die die Bibel lesen? Es will einen manchmal bedünken, als ob nicht alle es verstehen, die Schrift so zu lesen, daß sie zu immer tieferer Klarheit und Erkenntnis kommen. Wie oft trifft man Kranke an, die ein gar dunkles Kapitel eines alten Propheten vor sich aufgeschlagen haben; andere zerbrechen sich den Kopf über der Offenbarung Johannis. Ich pflege zuweilen, wenn die Rede darauf kommt, zu fragen, wer denn schon ein ganzes Evangelium zusammenhängend gelesen hat; dafür sind sie doch geschrieben, denn es sind Lebensbeschreibungen des Herrn. Die meisten Leute antworten darauf, daß sie daran noch gar nicht gedacht haben.

Vielleicht fehlt es manchen an der richtigen Anleitung, wie ein erwachsener Christ selbständig für sich die Bibel lesen soll. Er wäre froh, wenn ihn einer im Neuen Testament herumführte, ihm manches mehr darüber sagte, als was man in der Schule und im Konfirmandenunterricht zu hören bekommt und begreifen kann. Dadurch würde ihm das, worüber er jetzt vielleicht achtlos hinwegliest, lebendig und klar vor Augen stehen.

Wer eine Ausstellung von Gemälden besucht, hält sich gern an einen Maler; der führt ihn gleich zu den schönsten und wertvollsten Bildern, verweilt mit ihm davor, lehrt ihn sie von nahem betrachten und macht ihn auf Schönheiten und Eigenheiten daran aufmerksam, die er von selbst nicht gesehen hätte. So bekommt er Anleitung, wie man ein Bild richtig betrachten muß, um die ganze Schönheit desselben zu erkennen.

Vielleicht leisten die Gespräche über das Neue Testament, welche der »Kirchenbote« seinen Lesern von Zeit zu Zeit in regelmäßiger Folge zu bringen sich vornimmt, manchem diesen Dienst. Wenn der oder jener dadurch angeregt oder angeleitet würde, mit neuer Lust und wachsendem Verständnis das Neue Testament in stiller Stunde für sich zu lesen, so wäre der »Kirchenbote« glücklich, an seinem Teil zum Wachstum in der christlichen Erkenntnis beigetragen zu haben.

Gottes Wort durch Menschen geschrieben

Das Neue Testament ist nicht vom Himmel gefallen. Es gibt Religionen, welche die Entstehung ihrer heiligen Schriften ins Dunkel hüllen. Sie suchen zu verschweigen, was menschliche Arbeit daran getan hat; sie wollen, daß jeder glaube, diese Schriften seien auf eine übernatürliche Weise entstanden, damit diejenigen, welche sie lesen, desto größere Ehrfurcht davor haben.

Das brauchen wir Christen nicht. Unser Neues Testament ist von Menschen geschrieben; wir kennen ihre Namen und wissen auch manches über ihre Lebensumstände. Aber das nimmt unserer Schrift nichts von ihrer Heiligkeit; ja es macht sie uns nur noch lieber und werter. Sie bleibt Gottes Wort – *aber Gottes Wort durch Menschen geschrieben.*

Es muß so sein; denn beruht nicht das Christentum in seinem innersten Wesen auf der Vereinigung des Göttlichen und des Menschlichen? Besteht nicht das Geheimnis der

Person unseres Herrn Jesu darin, daß Gott sich vollkommen in einem Menschen geoffenbart hat? Und das Reich Gottes auf Erden, das Jesus gründete, entsteht und wächst es nicht durch das Zusammenwirken Gottes mit den Menschen? Wir Menschen sollen und müssen daran arbeiten, indem wir unser Herz, die Dinge und Verhältnisse des irdischen Lebens im Geiste Jesu heiligen und umgestalten. Dabei sind wir der gewissen Hoffnung, daß Gott durch seine allmächtige Kraft, was wir tun, zur Vollendung führen wird. Wie in Jesu, wie im Reiche Gottes, so sind auch im Neuen Testament das Göttliche und das Menschliche beisammen.

Wie sollen wir uns das denken? Es gab eine Zeit in unserer Kirche, wo man meinte, Gott zu ehren, indem man das, was Menschen an der Schrift getan, möglichst herabsetzte. Gott bediente sich ihrer, wie der Flötenspieler sich seiner Flöte bedient. Durch den heiligen Geist diktierte er ihnen die Schrift, wie ein Herrscher seinen Schreibern diktiert: kurz, die Evangelisten und die Epistelschreiber waren unselbständige willenlose Instrumente.

Es ist immer schlecht bestellt, wenn die Menschen, um Gott mehr Ehre anzutun, die Bedeutung edler und frommer Personen, wie die, welche unser Neues Testament geschrieben haben, herabsetzen wollen. Gott hat das nicht nötig, sondern er will, daß wir auch den Menschen, die durch ihn Großes geleistet haben, Ehre antun; denn diese Ehre kehrt doch wieder zu ihm zurück. *Die Evangelisten waren nicht Gottes Schreiber, sondern seine Minister.*

Was ein rechter Herrscher ist, der kann gar keine unselbständigen Personen um sich sehen, als ob er alles selbst ausführen müßte, damit seine Ehre und Herrschaft nicht geschmälert werde; sondern wenn er einen Erlaß an sein

Volk richten will, teilt er seine Gedanken dem Minister mit. Dieser verfaßt dann die Verfügung, wie er's versteht, tut auch in der näheren Ausführung manches von dem Seinigen hinzu. Nachher klebt aber doch das kaiserliche Siegel daran; es ist kaiserliches Wort, es wird als solches respektiert, obwohl der Minister in seiner Weise daran mitgearbeitet hat und jedermann dies weiß.

Die Evangelisten sind also mehr als Leute, die nur den Griffel führen. Es sind nicht die Schreiber, sondern die Minister Gottes im Verkehr mit den Menschen. Aber auch damit ist noch nicht alles gesagt, denn es handelt sich eigentlich um ein Geheimnis. Das Menschliche an der Schrift beeinträchtigt nicht die Reinheit und die Göttlichkeit der darin geoffenbarten Wahrheit, sondern Gott hat dieses Menschliche gewollt, weil er es für notwendig hielt. Es ist, als wollte er dieses Geheimnis aus dem Reich des Geistes den Menschen im Reich der Natur andeuten.

Das Wasser, so von den Wolken des Himmels auf die Erde niederrieselt, ist zwar reines Himmelswasser, denn es enthält keine irdischen Bestandteile. Und doch ist es so nicht bestimmt, die Menschen zu erquicken, sondern es sickert in den Boden ein, nimmt dort kräftigende Bestandteile der Erde in sich auf, Salze, Kalk und andere Stoffe, und erst dann, wenn es so irdisch geworden ist, entströmt es als lebendige Quelle der unergründlichen Tiefe der Erde. So muß auch die ewige göttliche Wahrheit in die Tiefen eines Menschenherzens sich versenken, dort menschlich werden, damit sie den Menschen zur Quelle des ewigen Lebens werde. *Das Gotteswort ist nur lebendig für uns, wenn es aus Menschenherzen zu uns redet.*

Darum ist das Menschliche in der Schrift nicht eine Art

notwendiger Unvollkommenheit, die dem geoffenbarten Gotteswort anhängt, sondern es ist selbst heilig.
Was sind doch die Menschen so kleinlich und so oberflächlich, wenn die Rede auf die Widersprüche und Unvollkommenheit der Schrift kommt! Die einen meinen, wenn sie das alles aufdecken, dann haben sie die Schrift gerichtet und damit auch die göttliche Wahrheit, die darin enthalten ist. Die anderen suchen die Widersprüche zu verheimlichen und auszugleichen in der Meinung, damit der Schrift einen Dienst zu leisten und die göttliche Wahrheit zu retten. Beide irren. Das Menschliche an der Schrift mit allen Unvollkommenheiten ist nicht wie der Staub, der auf einem geheimnisvollen Spiegel liegt, daß nun der eine höhnisch sagt, »man sieht nichts«, und der andere sich abmüht ihn wegzuwischen, damit man hindurchschauen könne; sondern das Menschliche ist der See, in dem die Sonne der göttlichen Wahrheit sich spiegelt. Ob auch der Wind die Wellen bewegt, das Bild der Sonne erscheint doch glitzernd und hell darin, gerade durch das wechselnde Spiel der Wellen. Darum haben wir keine Angst, daß jemals eine Gelehrsamkeit, die auf das Menschliche in der Schrift ausgeht, ihr schaden könne. Im Gegenteil. Wir sagen: forschet nach dem Menschlichen! Laßt uns hineinblicken in die Herzen derjenigen, die hier das Evangelium zu uns reden, damit wir sie recht und immer besser verstehen! Zeigt uns die Menschen in der heiligen Schrift – und in den Menschen werden wir Gottes Größe und Wahrheit erkennen!
Diese Menschen in der Schrift sind gar mannigfacher Art. Man meint, Gott habe darauf gesehen, daß *jeder Stand und jeder Charakter in dem Neuen Testament* zur Rede käme, um in seiner Art das Evangelium zu verkündigen.
Da ist einmal *Markus,* der bescheidene Dolmetscher des

Apostels Petrus, welcher die Geschichte Jesu, die er gar manchmal nach der Rede des Jüngers verdolmetscht hat, schlicht und einfach niederschreibt.
Da ist auch der gelehrte *Lukas* zu Rom, der selbst nie den Herrn gekannt hat. Aus Schriften und nach dem, was er von ihm hat erzählen hören, berichtet er seinem Freunde Theophilus, was man von Jesus weiß. Ganz anders ist wieder der Evangelist *Johannes.* Für ihn treten die Einzelheiten des irdischen Lebens Jesu zurück hinter der ewigen Wahrheit, die aus seinen Worten redet. Er erschaut das Leben des Herrn mit dem tiefen Blick, der auf die Ewigkeit gerichtet ist.
Dazu kommt noch der gelehrte Rabbiner *Paulus*, den Juden ein Jude, den Griechen ein Grieche, aber vor allem ein lebendiger, von Christo ergriffener Mensch. Wer nicht in das Herz dieses Menschen hineinblickt, der kann das lebendige Evangelium in seinen Briefen gar nicht recht erfassen. Man muß ihn vor sich sehen in seiner Stube zu Korinth, wie er aus der Einsamkeit heraus, vom Heimweh ergriffen nach seinen lieben Sorgenkindern, den Thessalonikern, den ersten Brief schreibt, der uns von ihm im Neuen Testament erhalten ist. Ganz anders ist wieder der Paulus in den Korintherbriefen und im Galaterbrief. Wild und heftig, wie ein Gewittersturm, und dann nachher wieder sanft und mild, wie der Abendsonnenstrahl, wenn das Gewitter verzogen ist. Im Römerbrief ist es der ruhige, zuversichtliche Paulus. Er fühlt, daß in Kleinasien und Griechenland seine Arbeit getan ist; nun winkt ihm das Abendland, Rom und Spanien, daß er auch dort von Christo rede. Und dann, im Philipper- und Kolosserbrief redet ein gefangener Mann aus irdischen Banden von der Siegeskraft des Evangeliums.

So kommen im Neuen Testament alle Arten von Menschen und diese wieder in den verschiedensten Lebenslagen zu Wort und verkünden den Glauben an das Evangelium auf gar mancherlei Weise. Jeder kann seine Art, das Evangelium aufzufassen, ich möchte sagen seine eigene Glaubensnatur, darin wiederfinden.
Das hat Luther gefühlt, als er seinem Volke das Neue Testament in der Übersetzung in die Hand gab, daß jeder für sich darin forsche. Für ihn war die Predigt vom Kreuze und von der allein seligmachenden Gnade in Christo die Hauptsache im Gegensatz zu der katholischen Lehre von der Werkheiligkeit. Darum stellt er die Schriften am höchsten, welche seine Art zu glauben am besten ausdrücken. In den andern fühlt er sich weniger zuhause. »Johannis Evangelium und St. Pauli Episteln, sonderlich die zu den Römern, und Sankt Peters erste Epistel sind der rechte Kern und Mark unter allen Büchern, welche auch billig die ersten sein sollten.« »Weil Johannes gar wenig Werk von Christo, aber gar viel seiner Predigt schreibt, wiederumb die andern drei Evangelisten viel seiner Werk, wenig seiner Wort beschreiben: ist Johannis Evangelium das einige zarte, recht Hauptevangelium und den andern dreien weit, weit vorzuziehen und höher zu heben. Also auch Sankt Paulus und Petrus Episteln weit über die drei Evangelien Matthäi, Marci und Lucä fürgehen.« »Neben diesen Hauptbüchern ist Sankt Jakobs Epistel ein recht strohern Epistel, denn sie doch kein evangelisch Art an ihr hat.«
So schreibt Luther anno 1522 in seiner Vorrede zum Neuen Testament. Freilich, es stände nicht jedem an, eine solche Sprache zu führen. Auch würde nicht jeder, was unser Reformator hier sagt, unterschreiben. Wie Luther sich mehr zu Johannes und Paulus hingezogen fühlt, gerade so

gut wird ein anderer eine Vorliebe für das Evangelium des Matthäus, mit seinen schönen Gleichnissen und der schönen Bergpredigt haben. Einem andern wieder gefällt die schlichte schmucklose Art des Markus besser; und wenn man ans Gleichnis vom verlorenen Sohn denkt, dann möchte man sagen: der Lukas sei das schönste Evangelium.

Luther hat über den Jakobusbrief hart geredet, weil er meinte, er rede zu viel von der Notwendigkeit der guten Werke. Es gibt aber Leute, denen ist er gerade der Lieblingsbrief, weil man so viele schöne Worte Jesu darin nachhallen hört.

In der Art wie Luther sollte ein jeder Christ seine Lieblingsschriften im Neuen Testament haben, die er über die andern stellt, weil sie gerade die Sprache seines Herzens reden. Wenn die Menschen dazu kämen, sich über die Eigenart der verschiedenen Evangelien und Episteln Gedanken zu machen, so würden sie das Neue Testament noch viel lebendiger verstehen, als wenn sie darin nur eine Sammlung von Sprüchen über das Evangelium sehen. So geht es aber gar vielen mit der Schrift, wie den Farbenblinden mit der Natur: sie sehen sie zwar, aber nicht in der Farbenpracht, sondern nur im farblosen Licht.

Wenn ein Sonnenstrahl auf ein geschliffenes Glas fällt, dann erscheint es in gar mannigfachen Farben. Sie sind alle in dem weißen Sonnenstrahl enthalten, aber erst in dem geschliffenen Glas kommen sie zur Erscheinung. Man kann sich nicht satt daran sehen, ob man's auch oft sieht; je öfter, desto schöner dünkt's einen, daß man nicht glauben sollte, diese herrlichen Farben seien alle in demselben Sonnenstrahl. Das Evangelium ist auch ein Sonnenstrahl; durch das Neue Testament wird er in alle seine Farben zerlegt. Erst wer so das Evangelium in seiner ganzen Mannig-

faltigkeit zu schauen vermag, dem wird das Neue Testament immer etwas Neues sein, als hätt er's noch nie gesehen. Dann wird es ihm auch den ganzen Reichtum des Evangeliums offenbaren, wie der Sonnenstrahl seine Farbenherrlichkeit in einem Stückchen Glas entfaltet.
Wenn uns also jemand fragte: Wie denkt ihr Protestanten über die Inspiration, das heißt über die göttliche Eingebung der Schrift, und warum haltet ihr dafür, daß sie Gottes Wort ist? so antworten wir einfach: Sie ist göttlich, von Gottes Geist stammend, weil menschlicher Sinn solche Wahrheit nie aus sich hätte erdenken können. Sie ist menschlich, weil darin Menschenherzen zu uns auf gar mancherlei Art vom Evangelium reden. Wie das Göttliche und das Menschliche darin vereinigt sind, das bleibt ein Geheimnis. Wir können auch nicht ergründen, wie das Göttliche und Menschliche in Jesu, dem Bringer des in der Schrift enthaltenen Evangeliums, vereinigt waren.

Gottes Wort von Menschen gesammelt

Unser Neues Testament bestand in der Kirche nicht von Anfang an. *Sie besaß es nicht, sondern sie hat es geschaffen.* Das will uns merkwürdig vorkommen, weil wir uns jetzt das Christentum gar nicht mehr ohne Neues Testament vorstellen können.
In der ältesten Zeit besaß man kein Neues Testament, *weil man keines brauchte.* Man hatte eine viel lebendigere Kunde von Jesu als beschriebenes Papier: nämlich die Apostel und ihre Jünger, welche erzählten, was sie selbst mit

ihm erlebt und selbst von ihm gehört hatten. So lange diese da waren, hatte man gar kein Bedürfnis nach einem geschriebenen Evangelium.
Dazu kommt noch, daß diese ersten Christen, wie uns Paulus bezeugt, das Weltende nahe glaubten. Der Gedanke, man müsse eine schriftliche Urkunde über das Christentum haben, durch welche auch den spätesten Geschlechtern die Worte Jesu überliefert würden, lag ihnen also ganz fern.
Mit der Zeit, als der Glaube an das nahe Weltende abnahm und als die Zeugen des Lebens Jesu gestorben waren und auch das Geschlecht nach ihnen ins Grab sank: da stellte sich das Bedürfnis ein, die Kunde von Jesus aufzuzeichnen. So entstanden die *Evangelien.* Während früher die Männer, welche aus der mündlichen Überlieferung die Lehre Jesu kannten, im Gottesdienst aufstanden und seine Sprüche und Gleichnisse verkündeten, las man sie jetzt vor, wie sie aufgezeichnet waren. Dabei gab es Leute, welche betrübt darüber waren, daß nun das geschriebene Wort an die Stelle der lebendigen mündlichen Rede getreten war. Wir können es ihnen ganz gut nachfühlen, da auch in uns beim Lesen der Evangelien manchmal der Wunsch aufsteigt: Daß doch jemand, der Jesum selbst gesehen oder der einen gekannt, der mit ihm durch Galiläa gezogen, uns von seinem Leben und von seiner Lehre erzählte!
Nun darf man aber nicht meinen, die Evangelisten hätten die Evangelien für das Neue Testament geschrieben. Nein, sie schrieben vorerst nur für einen bestimmten Kreis von Gemeinden, damit man danach das Evangelium beim Gottesdienst verlese. Markus zeichnete die Überlieferung des Petrus auf. Das Evangelium Matthäi enthält die Reden und Gleichnisse, wie sie der Apostel Matthäus überliefert hat-

te. Lukas schrieb gar ein Evangelium für eine einzelne Person, seinen Freund Theophilus. Dabei sagt er noch in den ersten Versen, daß er dazu auch andere geschriebene Evangelien benutzt habe, aus denen er sein Evangelium gleichsam zusammengestellt hat, weil er selbst ja kein Augenzeuge gewesen ist. Damit meint er nicht nur den Markus und den Matthäus, sondern auch noch weitere Evangelien; denn damals gab es deren nicht nur vier, sondern eine ganze Anzahl.

So wissen wir, daß ein besonderes Evangelium der Ägypter bestand. Ein anderes war »Evangelium der Hebräer« benannt. Nach dem, was wir von diesen Evangelien wissen, müssen sie unserm Matthäus ziemlich ähnlich gewesen sein.

Es bestand also volle Freiheit! Jede Kirche, jede Gemeinde benutzte das Evangelium, das ihr am meisten zusagte. Matthäus war wohl am weitesten verbreitet wegen der vielen Gleichnisse und Sprüche, die er enthält. Niemand dachte damals daran, vier Evangelien zusammenzustellen und sie als die allein gültigen zu bezeichnen. Die Notwendigkeit einer *Sammlung* der heiligen Schriften wurde noch nicht empfunden.

Auch die *Briefe* des Apostels Paulus sind nicht für eine Sammlung heiliger Schriften geschrieben worden, sondern nur für die Gemeinden, welchen sie bestimmt waren. Wenn jemand ihm damals gesagt hätte, daß diese Briefe Jahrhunderte und Jahrhunderte später noch immer gelesen würden, so wäre ihm das sehr merkwürdig vorgekommen. Als er dem Philemon ein Brieflein schrieb wegen des entlaufenen Sklaven Onesimus, den er ihm als Christ zurückschickte, da dachte er sich nicht, daß es einst von der ganzen Christenheit gelesen würde. Und doch sind wir froh, daß es uns erhalten ist, denn es stellt allen dreien, dem Apostel, dem Herrn und dem Sklaven ein schönes Zeugnis aus und es steckt mehr christliche Lehre darin, als man glauben sollte.

Vielleicht wäre der Apostel auch gar erschrocken, wenn es ihm über dem Schreiben eingefallen wäre, daß seine Briefe noch bis in die spätesten Zeiten von allen Christen gelesen würden. Da er seinen Gemeinden, z. B. den Korinthern und Galatern, manchmal gar unerquickliche Dinge zu sagen hatte und in seinem Tadel sehr offen war, hätte er befürchten müssen, ihnen auf alle Zeiten einen schlechten Namen zu machen. Das wäre ihm sicher leid gewesen.

Diese Briefe des Paulus wurden der Gemeinde des Sonntags im Gottesdienst verlesen. Weil sie aber so viel Schönes und Erhebendes enthielten, gewöhnte man sich daran, nicht nur einmal davon Kenntnis zu nehmen, wie man es sonst bei einem Briefe tut, sondern sie des öfteren zu hören. Man begnügte sich auch nicht mit dem einen Brief, der an die Gemeinde gerichtet war, sondern die einzelnen Gemeinden tauschten die Briefe untereinander aus, schrieben sie ab, um sie alle zu besitzen. So entstanden Sammlungen der Briefe Pauli, welche bald überall im Gottesdienst verlesen wurden.

Diese Ehre widerfuhr aber nicht nur seinen Briefen, sondern auch denen anderer. Obwohl die seinen am weitesten verbreitet waren und am meisten gelesen wurden, benutzte man noch solche, die den Namen anderer Apostel trugen. Sehr viel gelesen waren der erste Johannesbrief und der erste Petrusbrief. Weniger verbreitet waren die kleineren Briefe, wie die, welche nach Jakobus und Judas benannt waren, und der zweite Petrusbrief. Sie standen nicht in gleich hohem Ansehen, da man nicht ganz sicher war, ob sie wirklich von den Aposteln herrührten, deren Namen sie trugen. Manche waren der Meinung, es hätte sie irgendein frommer Mann geschrieben und sie unter dem Namen von Aposteln ausgehen lassen, um ihnen mehr Ansehen zu geben. Darin sah man damals nichts Unerlaubtes; denn es war Sitte, auch weltliche Bücher unter dem Namen angesehener Männer der Vergangenheit zu schreiben.

Auch die Offenbarung Johannis und der Hebräerbrief genossen kein so hohes Ansehen wie die Paulusbriefe; denn auch hier waren die Meinungen geteilt, ob die Offenbarung wirklich vom Apostel Johannes geschrieben war und ob der Hebräerbrief der Feder des Apostels Paulus entstammte, da er doch eine ganz andere Art hat, als seine andern Briefe.

Luther hat es in seiner Vorrede zum Neuen Testament mit diesen Bedenken sehr ernst genommen. Er hält es gar nicht für recht evangelisch, die Schriften des Neuen Testaments, weil sie nun einmal den Namen dieses oder jenes Apostels tragen, ungeprüft hinzunehmen, sondern er will, daß man gewissenhaft untersucht, wie es sich damit verhält. Das Wort Gottes, sagt er, leidet nicht darunter; nur soll keiner aus seiner Meinung ein Gesetz für andere machen und ihm seine Überzeugung aufnötigen, sondern jedem seine Freiheit lassen. So hat er es in dieser Frage gehalten; auch wir wollen danach verfahren.

Wie stand es nun um das Neue Testament, sagen wir einmal, *um die Mitte des zweiten Jahrhunderts*? In dem Gottesdienst wurden Evangelien und Briefe verlesen, die teils von den Aposteln, teils von ihren Schülern herstammten. Jede Gemeinde hatte volle Freiheit in der Wahl dieser Schriften. So geschah es, daß manche überall verbreitet waren, andere weniger in Ansehen standen, wieder andere angefochten und bezweifelt wurden. Ja, es war nicht einmal nötig, daß ein Schreiben apostolisch war oder einen solchen Namen trug: auch die Schriften anderer frommer Männer, wenn sie wirklich schön und erbaulich waren, wurden beim Gottesdienst gebraucht. Wir wissen z. B., daß ein »Brief des Barnabas« und einer des Clemens, ebenso ein Schreiben, welches »Hirte des Hermas« genannt wurde, bei manchen Gemeinden sehr geschätzt war.

Es war ungefähr dasselbe, als ob wir uns heute im Gottesdienst an Schreiben unserer Reformatoren erbauen würden. Das wäre sehr schön und vielleicht kommt es einmal dazu; denn es gibt Schriften Luthers, die wohl verdienten, daß man sie in der Kirche der Gemeinde vorläse neben der heiligen Schrift. Sie stammen aus demselben Geist und es ist zu bedauern, daß so viele seiner herrlichen Schriften unserm Volk gänzlich unbekannt sind.

Nun kam aber in der alten Kirche eine Zeit, wo es mit dieser Freiheit nicht mehr ging. Es tauchten nämlich unter der Apostel Namen allerlei merkwürdige Evangelien und Sendschreiben auf, welche vorgaben, eine besondere Geheimlehre über Jesus zu enthalten. Bei manchen Gemeinden fanden sie großen Anklang. Die Befürchtung war gerechtfertigt, daß durch solche Erfindung und Legende die wahre Kunde über Jesus verdunkelt werden möchte. Zuletzt hätte man ja nicht mehr unterscheiden können, was alte Überlieferung war und was der Sage angehörte.

Zudem wurden nun die alten Evangelien und Briefe selbst angegriffen. *Marcion*, ein frommer und gelehrter Christ, wollte nur das Evangelium im Sinne des Paulus gelten lassen. Die Apostel, meinte er, hätten Jesum mißverstanden und ein falsches Bild von ihm überliefert. Nur Paulus, mit seiner Lehre von der Rechtfertigung durch den Glauben, habe ihn richtig begriffen und seine Lehre rein dargestellt. Darum verwarf Marcion die andern Evangelien und Briefe; sie enthielten nach seiner Meinung zu viel Jüdisches. Er wollte in der Hauptsache nur den Lukas und die paulinischen Briefe anerkennen.

Solchen Bestrebungen gegenüber war es an der Zeit, einmal die Schriften zu bestimmen, welche das Evangelium in der alten und reinen Form enthielten, damit darüber keine Unsicherheit bestände. Diese allein sollten in allen Gemeinden der ganzen Kirche in gleicher Weise heilig gehalten werden. *Nur sie* – das war die Hauptsache – *sollten im Gottesdienst verlesen werden dürfen.* Alle andern sollten davon ausgeschlossen bleiben.

Man sah sich also genötigt, eine Sammlung heiliger Schriften zu veranstalten, *welche die Richtschnur des Glaubens für alle Zeiten bildeten. Kanon* ist das griechische Wort für Regel, Richtschnur. Darum nennt man die Schriften dieser heiligen Sammlung *kanonische Bücher* und bezeichnet die andern als außerkanonisch oder apokryphisch. *Das Resultat der Zusammenstellung, welche man damals unternahm, ist eben unser Neues Testament.*

Mit dieser Zusammenstellung ging's nun nicht von einem Tag auf den andern. Zum Teil einigte man sich nur langsam über die Schriften, welche ins Neue Testament aufgenommen werden sollten. Für die Hauptschriften zwar herrschte schon Übereinstimmung am *Ende des zweiten Jahrhunderts.* Die Sammlung sollte die Evangelien des Matthäus, Markus, Lukas und Johannes, die Apostelgeschichte, die Briefe des Paulus, den ersten Petrus- und den ersten Johannesbrief enthalten: darin stimmte man so ziemlich überein. Schwerer war zu bestimmen, wie man es mit den andern halten sollte, da die einen dafür, die andern dagegen waren. Es dauerte noch lange Zeit, bis man sich darüber verständigte.

Besonders um die Offenbarung Johannis und den Hebräerbrief zogen sich die Verhandlungen gar sehr in die Länge. Hier standen das Abend- und das Morgenland gegeneinander. Das Abendland war gegen die Aufnahme des Hebräerbriefs; das Morgenland wollte die Offenbarung Johannis nicht anerkennen. Zuletzt einigte man sich dahin, daß beiden eine Stelle im Neuen Testament angewiesen wurde. Damit war es nun endgültig abgeschlossen.

Diese Sammlung der heiligen Schriften bedeutet eine große Tat. Nun waren die kostbarsten Kleinodien aus der ältesten Zeit für immer unversehrt erhalten. Die Kirche konnte verweltlichen, Menschensatzung konnte in die Lehre eindringen, aber im Neuen Testament blieb das Evangelium rein erhalten. Man darf gar nicht daran denken, was aus dem Christentum geworden wäre, wenn die Kirche nicht *zur rechten Zeit* die alten heiligen Schriften gesammelt und ihnen dieses Ansehen gegeben hätte. Was hätte denn Luther getan ohne das Neue Testament? Womit hätte er den Kampf gegen die Veräußerlichung der Lehre, gegen Messe und Ablaß führen wollen, wenn er nicht das Neue Testament gehabt hätte, um darauf gestützt zu sagen: in der alten Zeit wußte man nichts von solcher Lehre und solcher Satzung! Darum können gerade wir Protestanten den Männern, welche in der alten Kirche auf eine Sammlung der heiligen Schriften drangen, nie genug Dank wissen.

Das Neue Testament ist für uns ein heiliges Buch. Es bleibt die Richtschnur des Glaubens für alle Zeiten, *der reine Quell, aus dem das wahre Christentum fließt.* Dieser Heiligkeit benimmt es nichts, daß wir wissen, es sei von Menschen zusammengestellt, und daß wir verfolgen können, wie es langsam entsteht. Gott braucht den Menschen in geistigen Dingen ebensowenig etwas zu verheimlichen als in der Natur.

Wer sieht, wie eine Pflanze aufwächst, ihre Nahrung aus der Erde saugt, Blätter ansetzt und sich zuletzt zur herrlichen Blüte entfaltet, der wird des Schöpfers Weisheit nicht weniger bewundern, weil er gesehen hat, wie die Blume entstand. *Das Neue Testament ist eine Wunderblume im Reiche des Geistes.* Wir dürfen ihr Entstehen und ihr Wachstum verfolgen, ohne daß unser Glaube darum Schaden leidet. Je mehr man darüber nachdenkt, desto mehr bewundert man die Weisheit der Mittel und Wege Gottes, durch die er das Evangelium allen Gechlechtern, so lange die Welt steht, rein und unverfälscht erhält.

Von den alten Handschriften

Wir können uns fast keinen Begriff mehr davon machen, wie wertvoll die Bibel in der alten Zeit war. Heute findet sich dieses kostbare Buch in jedem Hause. Man kann es für ganz geringen Preis kaufen oder bekommt es gar geschenkt. Vor der Zeit der Buchdruckerkunst war es aber anders. Fast nur die Kirchen besaßen eine Bibel, denn das Abschreiben war teuer.

Von diesen *Handschriften* sind uns noch etwa 1500 erhalten. Viele sind freilich verstümmelt und bieten nur Bruchstücke der Bibel. An diesen Handschriften kann man erkennen, aus welcher Zeit sie stammen. Die ältesten sind auf *Pergament* mit lauter großen Buchstaben geschrieben, die jüngeren auf *Papier* mit kleinen Buchstaben. Der Gebrauch des Papiers stammt nämlich aus China. Erst gegen das 9. Jahrhundert fing man in Europa an, sich dieses Stoffes zu bedienen. Bald verdrängte das Papier das Pergament vollkommen, weil es viel billiger war.

Der Geschichtsschreiber Eusebius berichtet in seiner Lebensbeschreibung des Kaisers *Konstantin*, daß dieser 50 prächtige Bibelhandschriften für die Kirchen von Byzanz, der Hauptstadt seines Reiches, anfertigen ließ. Das war im vierten Jahrhundert. Was ist aus diesen Handschriften geworden? Wie so viele andere wertvolle Bücher sind sie verlorengegangen, als die mohammedanische Religion das Christentum im Morgenland verdrängte. Nur eine scheint erhalten zu sein. Als der deutsche Gelehrte *Tischendorf* auf der Suche nach alten Bibelhandschriften im Jahre 1844 in das Katharinen-Kloster auf dem Sinaiberg kam, brachten ihm die Mönche ganze Körbe voll alter Schriften. Darunter befand sich eine Bibelhandschrift, von welcher sich bald herausstellte, daß sie die älteste ist, die überhaupt existiert. Es ist wahrscheinlich, daß sie zu jenen 50 Bibelhandschriften gehört, die der Kaiser Konstantin anfertigen ließ. Heute befindet sie sich in Petersburg.

Die älteste Handschrift der Bibel auf dem Sinaiberg gefunden! – ist das nicht merkwürdig? Auf dem Berg, wo Moses dem Volke das Gesetz gab, fand man das Alte Testament, in demselben Buch mit dem neuen Gesetz der Bergpredigt zusammengebunden, als sollte auf dem Sinai selbst erklärt werden: das Alte ist vergangen.

Von den wertvollsten Bibelhandschriften hat jede ihre Geschichte. Die Erzbischöfe von Alexandrien besaßen eine besonders kostbare. Darin stand ein Fluch über den ge-

schrieben, der diese Handschrift jemals aus Alexandrien entführen würde. Trotzdem entging sie ihrem Schicksal nicht. Anno 1602 wurde ein Mann Namens Cyrillus Lukaris Erzbischof. Er war früher weit herumgekommen und hatte in Genf studiert. Dort hatte er die evangelische Lehre kennen und schätzen gelernt. Da nun die morgenländische Kirche von manchen Lehren und Mißbräuchen der katholischen Kirche frei geblieben war, wähnte er, daß man im Morgenlande sich eigentlich auf dem Standpunkt der Protestanten befand. Darum hätte er gern die reformierte undmorgenländische Kirche geeinigt gesehen. Diesen Plan verfolgte er auch, als er 1621 Erzbischof von Konstantinopel wurde. Seine Feinde verdächtigten ihn deshalb beim Sultan, er treibe Verrat. So wurde er 1638 erwürgt und sein Leichnam ins Schwarze Meer geworfen.
Dieser Cyrillus Lukaris nahm die wertvolle Bibelhandschrift aus Alexandrien mit und schenkte sie dem König Karl I. von England. Jetzt ruht sie im britischen Museum. Auf der ersten Seite steht noch immer der Fluch über den Entführer, der sich in so erschreckender Weise an Cyrillus Lukaris erfüllt hat.
Besser behütet wurde eine alte Handschrift zu Rom. Man ging darin sogar so weit, daß man den Gelehrten die Einsicht in dieselbe verweigerte. Das war nicht nur aus Angst, es möchte sie einer stehlen, sondern mehr aus Befürchtung, es möchten darin *Abweichungen* entdeckt werden, die nicht mit der lateinischen Bibel stimmten. Es war wieder der schon oben erwähnte Tischendorf, der im Jahre 1866 die Erlaubnis erhielt, sie während einiger Stunden zu studieren.
Viel Mühe machte ihm auch noch eine andere. Sie hatte nämlich ein schweres Schicksal gehabt. Weil das Perga-

ment sehr kostbar war, kam es oft vor, daß man auf alten Büchern die Schrift abwusch oder abschabte und ein neues Buch darauf schrieb. Das war auch mit einer alten Bibelhandschrift aus dem 5. Jahrhundert geschehen. Man hatte die Werke des syrischen Kirchenvaters Ephraem darüber geschrieben. In diesem Zustand kam sie durch Katharina Medici nach Paris. Erst anno 1840 gelang es, die alte Schrift unter der darübergeschriebenen wieder zu entziffern.

Das sind die *Schicksale* der ältesten Bibelhandschriften, die wir besitzen. *Wie sah nun eine solche Handschrift aus?* Es waren nichts als aneinandergereihte große Buchstaben. Von einer Einteilung in Kapitel und Verse war keine Rede. Punkt und Komma wurden nicht gesetzt. Nicht einmal die Worte wurden durch einen Zwischenraum getrennt.

Der Anfang des Johannesevangeliums nahm sich beispielshalber folgendermaßen aus:

AMANFANGWARDASWO
RTUNDDASWORTWARB
EIGOTTUNDGOTTWAR
DASWORTDASSELBIG
EWARIMANFANGBEIG
OTTALLEDINGESIND u. s. w.

Es war also wirklich eine Kunst, sinngerecht zu lesen. Deshalb kam man immer mehr dazu, Wörter, Sätze und Kapitel voneinander zu trennen. Die Kapiteleinteilung in unserer Bibel stammt erst aus dem 13. Jahrhundert und rührt von Kardinal Hugo a Santo Caro her.

Ließe man auch nur eine Seite aus der Bibel von hundert Personen abschreiben, so würden in allen hundert Abschriften Abweichungen sein. Der eine hätte das übersehen, der andere jenes, der eine hätte sich da verschrieben, der andere dort. Gesetzt den Fall, man ließe nun von diesen Abschriften durch andere Leute wieder Abschriften machen, so würde die Sache noch ärger. Nicht nur, daß die neuen Abschreiber sich auch ihrerseits versehen und verschreiben würden: sie empfänden auch das Bedürfnis, die vorhergehenden Fehler nach eigenem Ermessen zu verbessern und das Fehlende zu ersetzen. Wenn man dies drei- oder viermal wiederholte, so hätte man dieselbe Bibel drei- oder vierhundert Mal mit vielen kleinen Verschiedenheiten.

So steht es auch mit den uns überlieferten Bibelhandschriften. *Sie weichen in einer unendlichen Reihe von Kleinigkeiten voneinander ab.* Es handelt sich nur um Kleinigkeiten; denn der Bibeltext war zu heilig, als daß ein Abschreiber sich erlaubt hätte, willkürlich zu ändern oder von dem Seinen hinzuzutun. Doch ist es z. B. geschehen, daß zwei Verse in die Bibel eingedrungen sind, die nicht hineingehören. Das ist der Fall im ersten Brief Johannis. 1. Joh. 5, 7 und 8 lautete ursprünglich folgendermaßen: »Denn drei sind, die da zeugen, der Geist und das Wasser und das Blut; und die drei sind beisammen.« Diese schwer zu erklärende Stelle deutete man auf die Dreieinigkeit. So legte sie der Kirchenvater *Cyprian* aus. Durch einen Irrtum wurde dann später diese Erklärung in den Bibeltext selbst aufgenommen, indem folgende Worte zu der Stelle hinzugesetzt wurden: »Drei sind, die da zeugen im Himmel: der Vater, das Wort und der heilige Geist und diese drei sind eins.« Mit anderen Gelehrten hat schon *Luther* den Irrtum erkannt und darum diese Worte in seiner Übersetzung ausgelassen. Heute weisen die meisten Bibelausgaben darauf hin, daß diese Worte dem ursprünglichen Text fremd sind.

Die kleinen Abweichungen der Handschriften bildeten eine große Schwierigkeit, als man anfing, die Bibel zu drucken. *Nach welcher Handschrift sollte man sie drukken?* Mit dieser Frage beschäftigte sich der große Gelehrte *Erasmus*. Er lebte zu Anfang der Reformation. Obwohl er die schweren Schäden der katholischen Kirche sah und auch dagegen schrieb, konnte er sich nicht entschließen, mit Luther gemeinsame Sache zu machen. Dafür war er zu bedächtig und liebte die Ruhe zu sehr. Ohne es zu wollen, leistete er aber dem Protestantismus einen großen Dienst. Im Jahre 1516 gab er nämlich das Neue Testament griechisch heraus. Dazu hatte er einige Handschriften verglichen. Das Werk wurde in Basel gedruckt. Es war viel besser als die damaligen lateinischen Neuen Testamente. Darum legte Luther diesen Text seiner Übersetzung des Neuen Testaments zugrunde, sonst hätte er die schlechten lateinischen Texte benutzen müssen.
Unsere Ausgaben des Neuen Testaments gehen gewöhnlich auf den griechischen Text zurück, den *Theodor Beza*, der gelehrte Genfer Reformator, im 16. Jahrhundert veröffentlichte und der dann durch den Druck der Gebrüder Elzevier allgemein verbreitet wurde.
Daneben gibt es heutzutage große Ausgaben des griechischen Testaments, welche beinahe zu jedem Wort die wichtigsten Abweichungen der verschiedenen Handschriften angeben, damit der Gelehrte diejenige Form wählen kann, die ihm am ursprünglichsten scheint. Es handelt sich wie gesagt um Kleinigkeiten, durch die der Sinn der Schrift kaum betroffen wird. Aber wir Protestanten haben die Pflicht, alles zu tun, um den ältesten Wortlaut des Neuen Testaments zu erhalten.

Von den Übersetzungen

Das Neue Testament ist ursprünglich in *Griechisch* geschrieben. Durch die alten Handschriften ist es uns in dieser Sprache überliefert. Aber bald stellte sich die Notwendigkeit ein, es zu *übersetzen*, da das Volk die griechische Sprache nicht mehr überall verstand und neue, fremde Völker mit dem Christentum bekannt wurden. Es gab *syrische, ägyptische, äthiopische, armenische und arabische Übersetzungen.* Am berühmtesten ist die *gotische* Übersetzung des Bischofs *Ulfila*. Er lebte von 311–383. Mit dem Christentum wurde er in Konstantinopel bekannt. Auch seine Landsleute, die sich Wohnsitze an der unteren Donau erzwungen hatten, wurden für die neue Lehre gewonnen.

Erhalten ist uns ein großer Teil dieser Übersetzung in der sogenannten »silbernen Handschrift«. Sie gehörte ursprünglich der gotischen Königsfamilie und ist auf das prächtigste angefertigt. Auf purpurnem Pergament sind die Buchstaben in Silber gemalt. Das Buch selbst ist mit Silber eingebunden. Im 9. Jahrhundert kam die Handschrift in das Kloster Werden an der Ruhr. Anno 1600 wurde sie nach Prag gebracht. Von dort nahmen sie die Schweden im Jahre 1648 mit nach Stockholm. 1655 kehrte sie nach Holland zurück, wurde aber 1699 für die schwedische Universität Upsala angekauft. Dort wurden ihr von einem Engländer noch 10 Blätter abgestohlen. Jetzt ruht die Handschrift, sicher bewacht, von ihren Irrfahrten aus.

Neben dem griechischen Testament waren eine Reihe *lateinischer* Übersetzungen entstanden, die untereinander bedeutend abwichen, indem die eine so, die andere so übersetzte. Die Kirchenväter, besonders Augustin, konnten nicht genug darüber klagen, daß in den lateinischen Übersetzungen eine solche Willkür und Unordnung herrsche. Darum übertrug der römische Bischof *Damasus* dem gelehrten Kirchenvater *Hieronymus* die Aufgabe, eine einheitliche, allgemeingültige Übersetzung zu veranstalten. Hieronymus machte sich anno 383 an die Arbeit, verfuhr aber eiliger und oberflächlicher, als er gesollt hätte. Statt eine durchdachte, richtige Übersetzung zu liefern, begnügte er sich damit, die schlimmsten Fehler in den vorhandenen Übersetzungen auszumerzen, nicht als ob er selbst nicht eine bessere Übersetzung gewußt hätte, aber er hatte Angst, die Leute möchten ihm Neuerung vorwerfen, wenn er eine unabhängige, selbständige Übersetzung herstellte. Er war ein Mann wie Erasmus: ein Gelehrter, dem seine Ruhe über alles ging. So hat er nur halbe Arbeit geliefert. Darum band man sich auch nicht streng an seine Übersetzung. Jeder tat von dem Seinen nach eigenem Ermessen hinzu, bis die lateinische Bibel gerade wieder so in Unordnung war, wie vorher.

Dieser Übelstand kam auf dem *Tridentiner Konzil* im 16. Jahrhundert zur Sprache. Dieses Konzil war gegen die Reformation gehalten und sollte die katholische Lehre im Gegensatz zu der protestantischen festlegen. Deswegen war es auch nötig, daß der katholische, lateinische Text der Bibel bestimmt wurde, denn je nachdem man eine Stelle so oder so übersetzte, bekam sie einen anderen Sinn, der bald für die katholische, bald für die protestantische Lehre sprach. Es sollte also eine allein richtige und allein verbindliche lateinische Übersetzung herausgegeben werden, die dann vom Papst gutgeheißen würde. Das wurde am 3. April 1546 beschlossen.

Gut Ding will lang Weile haben. 1590 erschien diese Übersetzung endlich. Der Papst Sixtus V. begleitete sie mit einer Bulle. Er berief sich darin auf die päpstliche Unfehlbarkeit, kraft deren die Nachfolger Petri allein entscheiden könnten, welche Übersetzung richtig sei. Die Entscheidung sei jetzt getroffen. Der Zorn Gottes würde über jeden kommen, der es wagen sollte, anders zu übersetzen.
Nie ist die päpstliche Unfehlbarkeit kläglicher zu Schanden geworden als hier. Die unfehlbare Übersetzung wimmelte von groben Fehlern, so daß sich der zweite Nachfolger des Sixtus, Clemens VIII., genötigt sah, die Arbeit von neuem zu beginnen. Erst 1598 erschien die lateinische Übersetzung, die noch heute allgemein in der katholischen Kirche gebraucht wird.
Auf ganz andere Weise, einfach und anspruchslos, hatte Dr. M. *Luther* im Jahre 1522 seine Übersetzung des Neuen Testaments in die Welt hinausgesandt. »*Es wäre wohl recht und billig, daß dies Buch ohne alle Vorrede und fremden Namen ausginge, und nur sein selbsteigen Namen und Rede führte.*« So beginnt die Vorrede dieser Übersetzung. Er will die andern nicht binden. Wer's besser machen kann, soll's besser machen. »*Ich bitte alle meine Freunde und Feinde, meine Meister, Drucker und Leser, wollten dies Neue Testament lassen mein sein. Haben sie aber Mangel dran, daß sie selbst ein eigenes für sich machen. Ich weiß wohl, was ich mache, sehe auch wohl, was Andere machen. Aber dies Testament soll des Luthers deutsch Testament sein. Denn Meisterns und Klüngelns ist jetzt weder Maß noch Ende.*«
Aber diese Übersetzung gehört zum größten, was in der Art vielleicht je auf der Welt geleistet worden ist. »Er übersetzte, als einer der Vollmacht hat«, kann man von

Luther sagen. Ihm kommt es nicht darauf an, daß nun jedes Wort genau verdeutscht sei, sondern er will den *Geist der Schrift* lebendig wiedergeben. Ob man's auch hundertmal probiert, ein Gleichnis Jesu anders zu übersetzen als es Luther getan, man bringt's nicht besser fertig. So einfach, so anschaulich und schlicht klingen sie durch ihn in der deutschen Sprache, daß man meint, Jesus hätte sie in Deutsch geredet. *Denn das Deutsche ist durch Luther Bibelsprache geworden.*

Man darf es ruhig sagen: *die lutherische Übersetzung ist uns heilig.* Der Geist der Reformation lebt in ihr. Es geht aber heutzutage eine Absicht dahin, seine Übersetzung zu verbessern. Gewiß, die Wissenschaft hat seit Luther Fortschritte gemacht. Wir können den Sinn mancher Stellen viel genauer feststellen als er. Auch ersehen wir, daß er zuweilen eine Stelle anders gedeutet, als sie wirklich lautet. Aber sind denn diese Kleinigkeiten ein Grund, *um an einem so ehrwürdigen Werk herumzuflicken?* Gleichen wir mit dieser verbesserten Bibel nicht den Leuten, welche ihre guten alten Möbel durch neumodische ersetzen wollen?

Wenn es wirklich von Wert ist, daß eine Stelle anders gedeutet wird, als sie Luther übersetzt hat, dann soll es der Pfarrer bei der Predigt kurz darlegen. Das ist sein Recht und seine Pflicht; darum hat er studiert. Aber an Luthers Übersetzung selbst Hand legen, das soll man nicht.

Mögen die Gelehrten sich der wörtlichen genauen Übersetzungen bedienen. Die Wissenschaft verlangt es. Aber dem Volk soll die Übersetzung unseres Luther rein und unverfälscht erhalten werden. Wer die Bibel so nicht versteht, der versteht sie überhaupt nicht, und wenn man sie ihm Wort für Wort genau übersetzte. *Der Buchstabe tötet, der Geist aber macht lebendig!* Das gilt auch für Bibelübersetzungen.

Jesus, geboren in Bethlehem aus dem Geschlechte Davids

Unser Heiland stammte seiner Geburt nach aus der Zimmermannsfamilie in Nazareth und hatte mehrere Brüder und Schwestern. Das war alles, was die von ihm wußten, welche ihm anhingen. Keiner von ihnen hatte ihn in seiner Jugend gekannt, keiner war ein Gespiele seiner Kindheit gewesen. Sie waren von den Ufern des Sees Genezareth, er von dem etwa 6 Stunden entfernten Nazareth.

Jesus redete nicht von seiner Familie, die ihn, wie die Leute in Nazareth, nicht verstand, und die Jünger fragten ihn nie um seine Abstammung. Sie hatten auch keinen Grund dazu, denn für sie war er bis wenige Wochen vor dem Tod nur der Prophet, nicht der Messias. Erst zu Cäsarea Philippi, als sie nach Jerusalem aufbrachen, eröffnete er ihnen, wer er sei. Er gebot ihnen aber, das Geheimnis zu wahren und niemand etwas davon zu sagen bis nach seinem Tod.

Während Jesus auf Erden lebte, hatte also niemand sich um seine Abstammung gekümmert. Was lag denn daran, aus welchem Geschlecht und in welchem Ort *der neue Prophet* geboren war. Darüber war ja nichts in der Schrift bestimmt. Als aber Jesus tot war und die Apostel anfingen zu verkündigen, daß dieser Jesus von Nazareth, den die Schriftgelehrten gekreuzigt hatten, *der Messias sei* und nun zur Rechten Gottes sitze, da bekam die Frage nach seiner Abstammung und nach seinem Geburtsort plötzlich eine *ungeahnte Wichtigkeit*. War er wirklich der Messias, so *mußte er aus Davids Stamm und zu Bethlehem geboren sein, denn also stand in der Schrift über den Messias zu lesen.*

Im Propheten Micha, im ersten Vers des 5. Kapitels war geschrieben: »Und du Bethlehem im jüdischen Lande, bist mitnichten die kleinste unter den Fürsten Judas; denn aus dir soll mir kommen der Herzog, der über mein Volk Israel ein Herr sei.« Das bezog man auf den Messias.

Nun waren die Gläubigen aus der ersten Zeit Juden, und als solche teilten sie mit ihren Volksgenossen die Überzeugung, daß alles Wichtige, ja auch die nebensächlichen Ereignisse im Leben des Messias durch das Alte Testament geweissagt waren. So kam es für sie darauf an, nachzuweisen, daß die Weissagungen, welche man auf den Messias bezog, in Jesu Leben wirklich in Erfüllung gegangen waren. Durch diesen Beweis allein konnten sie sich vor ihren Volksgenossen rechtfertigen, welche ihnen immer vorhielten, Jesus könne nicht der Messias gewesen sein, weil ja die Weissagungen nicht auf ihn paßten.

Das war eine schwere Sorge für die ersten Christen. Daß von Jesus alles, was von einem Heiland geweissagt war, auch wirklich erfüllt sei, das stand für sie fest. Aber es im einzelnen nachzuweisen, das war sehr schwer. Wir können ihnen gar nicht mehr nachfühlen, was sie sich in dieser Sache für Gedanken gemacht haben, denn wir sagen, daß die Weissagungen an Jesus *nicht im buchstäblichen, sondern in einem höheren geistigen Sinn* in Erfüllung gegangen sind. Für die ersten Christen aber handelte es sich *um wörtliche Erfüllung.*

Stammte Jesus aus dem Geschlechte Davids und war er zu

Bethlehem geboren? – das war die Hauptfrage. Eigentlich wußte man darüber gar nichts. Bekannt war ja das Leben Jesu erst von dem Augenblick, wo er öffentlich zu wirken anfing, also von seinem dreißigsten Jahr bis zu seinem Tod! Darum beginnen die Evangelisten Markus und Johannes ihre Aufzeichnung des Lebens Jesu mit seinem Auftreten in Galiläa. Matthäus und Lukas aber wollen auch Kunde geben von der Geburt Jesu. Daher berichten sie, gewissermaßen als Einleitung der Geschichte Jesu, was man sich unter den älteren Christen von der Geburt Jesu erzählte.
Es handelt sich dabei nicht um Mitgeschautes oder Miterlebtes oder sicher bezeugte Kunde. Diese Erzählungen über die Geburt Jesu sind in der Christenheit aufgekommen und tragen es deutlich auf ihrer Stirn geschrieben, daß sie hauptsächlich dem Bestreben entsprungen sind, zu zeigen, Jesus sei aus dem Geschlechte Davids geboren und in Bethlehem auf die Welt gekommen.
Man darf daher auch nicht erwarten, daß zwischen den beiden Evangelisten, die uns solche Erzählungen überliefern, Übereinstimmung herrsche. Die Geburtsgeschichte bei Matthäus ist ganz verschieden von der bei Lukas berichteten. Gemeinsam ist beiden nur, daß Jesus aus dem Geschlechte Davids war, daß er in Bethlehem geboren wurde und daß seine Eltern in Nazareth wohnten. In allem übrigen weichen die Evangelisten vollständig voneinander ab. Das ist schon bei den Stammtafeln Jesu der Fall. Diejenige, welche Lukas im dritten Kapitel (Vers 23–28) gibt, ist verschieden von der, welche bei Matthäus im ersten Kapitel (Vers 1–17) steht. Alle Mühe der Gelehrten, diese beiden Stammbäume miteinander in Einklang zu bringen, ist vergebens gewesen.

Zum Exempel: Matthäus leitet den Stammbaum Jesu von David über den König Salomo und die folgenden Herrscher ab; nach Lukas geht die Geschlechtsfolge über einen anderen Sohn Davids, namens Nathan, und von da aus über eine Reihe unbekannter Personen, die nie regiert haben. Nach Matthäus sind die Namen von David ab: Salomo, Rehabeam, Abia, Asa, Josaphat u. s. w.; nach Lukas: David, Nathan, Mattathan, Menam, Melea, Eliahim u. s. w.

Ebensowenig wie die Namen stimmen auch die Zahlen. Nach Matthäus liegen zwischen David und Jesus 26, nach Lukas 41 Geschlechter! So geht es mit den Abweichungen fort.

Man ersieht daraus, daß des Herrn Eltern keine aufgezeichneten Geschlechtstafeln besaßen, durch welche sie den Ursprung der Familie aus dem Königshaus nachwiesen. Sie waren arme Leute, die für ihr täglich Brot und den Unterhalt ihrer Kinder arbeiteten. Es kam ihnen nicht in den Sinn, sich zu fragen, ob sie etwa von David abstammten. Und wenn sie auch Kunde darüber gehabt hätten, so wäre das für sie kein Grund gewesen, der Sache weiter nachzugehen. Was hatte die einfache Handwerkersfamilie noch mit dem glänzenden alten Königshaus zu tun? Für den Stammbaum Jesu war man also lediglich auf Vermutungen angewiesen. Darum gelang es nicht, einen einheitlichen aufzustellen.

Beinahe hätte das Bestreben der ersten Christen, darzutun, daß Jesus aus dem Königsgeschlecht stammte, noch schweres Unglück über einige entfernte Angehörige seiner Familie gebracht. Kaiser Domitian, der vom Jahr 81–96, also etwa 50 Jahre nach dem Tode Jesu und 10 Jahre nach der Zerstörung Jerusalems regierte, war sehr argwöhnisch. Als er nun erfuhr, daß es in Palästina noch Abkömmlinge

des alten Königsgeschlechtes geben sollte, befürchtete er, diese möchten ihre Rechte wieder geltend machen, etwa gar einen Aufstand erregen, um die alte Königsherrschaft wieder aufzurichten. Er befahl deshalb, man solle sie nach Rom bringen. Es waren die Enkel Judas', des Bruders Jesu, stille, ehrsame Ackersleute. Als sie nun vor den Kaiser geführt wurden und er die Schwielen an ihren Händen sah, da schwand sein Argwohn. Die Leute, mochten sie auch königlicher Abstammung sein, waren ungefährlich. Er ließ sie unbehelligt gehen. Die Schwielen an ihren Händen hatten sie gerettet – sonst wären sie in einem römischen Gefängnis auf immer unschädlich gemacht worden. So erzählt es der Kirchengeschichtsschreiber *Eusebius*, der es selbst von einem Christen aus der älteren Zeit, namens *Hegesipp*, hat. Eusebius lebte am Anfang des vierten Jahrhunderts, Hegesipp in der Mitte des zweiten Jahrhunderts.
Doch zurück zu den Geschichten von der Geburt Jesu. Auch darüber, daß er in Bethlehem geboren sei, wußte man nichts Bestimmtes. Fest stand nur, daß seine Eltern zu Nazareth gewohnt und Jesus dort aufgewachsen war. Wie war er dann in *Bethlehem* auf die Welt gekommen?
Da gab es nun zwei Möglichkeiten. Entweder, so sagte man sich, waren seine Eltern früher in Bethlehem ansässig und kamen erst nach seiner Geburt nach Nazareth zu wohnen, oder sie waren zwar von jeher in Nazareth daheim, wurden aber zur Zeit der Geburt Jesu durch besondere Umstände veranlaßt, nach Bethlehem zu reisen, so daß Jesus in Bethlehem auf die Welt kam. Die Geburtserzählung des Matthäus ist aus der ersten Annahme, die des Lukas aus der zweiten herausgewachsen.
Nach Matthäus wohnten Jesu Eltern in Bethlehem. Als Jesus dort geboren war, kamen die Weisen aus dem Morgen-

land. Durch sie erfuhr der König Herodes, daß der neue »König der Juden« dort geboren sei. Darum stellte er den Kindlein in Bethlehem nach. Jesu Eltern, durch einen Engel gewarnt, flohen mit dem Knäblein nach Ägyptenland und kehrten erst wieder zurück, als der König gestorben war. Aus Angst gingen sie nicht mehr nach Bethlehem, sondern sie ließen sich in Nazareth nieder. So wuchs Jesus dort auf (Matthäus, Kapitel 1 und 2).

Nach Lukas wohnten die Eltern Jesu von jeher in Nazareth. Kurz vor der Geburt Jesu fand eine Schätzung statt, bei der jeder in die Stadt ziehen mußte, aus der sein Geschlecht stammte. So machten sich Jesu Eltern auf nach Bethlehem. Dort kam das Kind auf die Welt. Als es in Windeln in der Krippe lag, liefen die Hirten vom Feld, durch die Engel gewiesen, herzu und beteten es an. Dann zogen die Eltern nach Jerusalem, stellten dort das Kind im Tempel dar, wo zwei gottesfürchtige Menschen, Simeon und Hanna, in ihm schon den Heiland erkannten. »Und da die Eltern alles vollendet hatten nach dem Gesetz des Herrn, kehrten sie wieder nach Galiläa zu ihrer Stadt Nazareth« (Lukas Kapitel 2, Vers 1–40).

Die beiden Erzählungen sind also ganz verschieden; eine schließt die andere aus. Man muß es ganz aufgeben, sie miteinander in Einklang zu setzen, *denn das hieße, die Schrift quälen.* Es gab zwar eine Zeit, wo man es der Bibel schuldig zu sein glaubte, diese Erzählungen für Wirklichkeit zu nehmen. Man trug daher den Astronomen auf zu berechnen, welcher Stern oder Komet damals so helleuchtend am Himmel gestanden und so die Weisen nach Bethlehem gewiesen habe. Von den Geschichtsforschern verlangte man, sie sollten feststellen, wann eine solche Schätzung unter Kaiser Augustus stattgefunden habe. Ja man hoffte, auf diese Weise das Geburtsjahr Jesu ganz sicher und genau zu bestimmen.

Alles umsonst! Einen Stern, der über den Himmel herzieht und dann über einem Hause stehen bleibt, gab es in Wirklichkeit damals ebensowenig als jetzt. Auf den Gedanken, eine Schätzung abzuhalten, bei der die Leute nicht da gezählt werden, wo sie wohnen, sondern da, wo ihr Geschlecht herkam, verfiel man damals ebensowenig als jetzt. Das hieße ja die Welt auf den Kopf stellen! Wenn man den Versuch in unserm kleinen Elsaß machen wollte, daß jeder bei der Volkszählung nach seinem Geburtsort ziehen müsse, würde alles drunter und drüber gehen. Nun denke man sich eine solche Schätzung im ganzen römischen Reich! Eine Völkerwanderung wäre nichts dagegen gewesen.

Von einer solchen Schätzung wissen wir also nichts. Ja noch mehr: zur Zeit der Geburt Jesu konnte der römische Kaiser in Israel gar keine Schätzung vornehmen lassen, denn das Land gehörte damals seinem Freund, dem König Herodes. Die römischen Beamten hatten nichts drin zu sagen und auch keine Volkszählung vorzunehmen, ebensowenig wie der deutsche Kaiser dies in der Schweiz anordnen könnte.

Diese Geburtserzählungen bei Matthäus und Lukas berichten uns also nichts Wirkliches und bereichern unsere geschichtliche Kenntnis des Ursprungs Jesu nicht. Es sind herrliche, tiefempfundene und tiefernste Legenden, welche in der ersten Christenheit aufkamen, mit denen sie die weißen Blätter des Ursprungs Jesu ausfüllte und ihre Ansicht aussprach, daß er aus Davids Geschlecht in Davids Stadt geboren sei.

Man darf sich nicht scheuen, dies offen heraus zu sagen,

denn es ist Unrecht, einen Christen heutiger Tage auf etwas verpflichten zu wollen, von dem wir keine bestimmte Kunde besitzen. Jesus hat seinen Jüngern nichts über seine Geburt und seine Abkunft erzählt – *und obwohl sie nichts darüber wußten, glaubten sie doch an ihn, um seiner Rede und seiner Werke willen. So ist auch unser Glaube unabhängig von irgend einer Vorstellung über die Abstammung und die Geburt Jesu.*
Und doch danken wir den beiden Evangelisten, daß sie uns erhalten haben, was die alten Christen sich von der Geburt des Herrn erzählten. Es ist das goldene Laubgewinde um die Wiege unseres Erlösers. Der fromme Geist der ersten Zeit spricht aus diesen Erzählungen zu uns, und die Erinnerungen unserer Kindheit leben darin. Sie enthalten gar tiefe Gedanken. Jesus, der Herr, in Niedrigkeit und Armut geboren, von armen Hirten zuerst erkannt, von den Weisen verehrt und auf der Welt durch Engel verkündet mit dem Gesang: *Friede auf Erden.* Wir fühlen uns in das Land unseres Erlösers versetzt, wo uns alles so fremd und doch so traulich anmutet. Wenn am Weihnachtsabend die Sterne auf der beschneiten Flur glitzern, dann zieht unser Sinnen hinaus, weit, weit in eine andere Welt, unter einen anderen Himmel: *»und es waren Hirten in derselbigen Gegend auf dem Felde bei den Hürden«* –.

»Da die Zeit erfüllet war, sandte Gott seinen Sohn, geboren von einem Weibe.«
(Galater 4, 4.)

Ob Jesus wirklich aus der Familie Davids stamme, diese Frage, welche uns das letzte Mal beschäftigte, liegt unserem Glauben ziemlich fern; ob er aber auf übernatürliche Weise von der Jungfrau Maria geboren sei oder ob er ins Dasein getreten wie andere Menschen, *das ist eine schwere Frage*, die gar viele Christengemüter auch heute noch beschäftigt und gar oft entzweit. Am liebsten möchten wir über diese Frage gar nicht sprechen, denn es handelt sich um überaus zarte Dinge. Wenn man liest, was von denen, die die übernatürliche Geburt des Heilandes verteidigen, gerade so gut wie von denen, welche sie angreifen, geschrieben worden ist, da wird man ganz beschämt und traurig, daß solche Dinge, wo es sich um die Geburt des reinsten und heiligsten Wesens handelt, besprochen werden.

Und dann noch gar der Spott und die Witze, welche über diesen Gegenstand gemacht werden! Es tut einem weh im Herzen, so etwas anhören zu müssen. Schon die Heiden in der alten Zeit, wenn sie die Christen treffen wollten, spotteten sie über die Geburt des Heilandes und viele, welche heutzutage den Christennamen tragen, tun dasselbe und entweihen das Heilige in Gedankenlosigkeit und Leichtsinn. Man kann in der Frage, um die es sich hier handelt, verschiedener Ansicht sein, man kann sich in Ernst und Güte darüber bereden, aber eines darf man nicht: *spotten und leichtsinnig darüber reden, denn das ist Sünde.*

Was ist denn eigentlich der Grundgedanke in dieser Vorstellung von der übernatürlichen Geburt unseres Heilandes? Wie kamen die Christen dazu, *obwohl Jesus selbst nie zu seinen Jüngern auch nur eine Andeutung von seiner übernatürlichen Geburt gemacht hat,* diesen Satz in den Glauben aufzunehmen? – Jesu Person ist so ganz verschieden von dieser Welt. Obwohl er ein Mensch ist, ist er doch wieder so ganz anders, so viel reiner und höher als die andern Menschen, eine so übernatürliche göttliche Größe wohnt in ihm, daß man sich nur schwer denken kann, er sei nun in das Dasein getreten wie andere Menschen. So kommt man dazu anzunehmen, Gottes Geist habe ihn übernatürlich ins Leben gerufen. *Das ist ein tiefer und heiliger Gedanke* und niemand darf es auf sich nehmen wollen, solchen, die an diesem Glaubenssatz halten, *einen Anstoß zu geben oder sie eines andern belehren zu wollen,* denn man würde dadurch die Würde des Heilandes in ihren Augen herabsetzen.

Andererseits aber dürfen wir nicht vergessen, daß es Christen gibt, die ernst über die Sache nachgedacht haben, und die nun aus voller Überzeugung sagen können, *daß ihr Glaube nicht von einer besonderen Vorstellung von der Geburt des Heilandes abhängt.* Sie können sich ganz gut denken, daß der Heiland geboren ist wie ein anderer Mensch, und doch *steht er für sie gerade so hoch und heilig da wie für die andern.*

Man sollte daher aus diesem Glaubenssatz keine so entscheidende Frage machen, wie man es in unserer Zeit versucht hat, sondern man soll sich gegenseitig respektieren und jeder möge dem andern seine Meinung lassen.

Es will einen bedünken, als ob in der ersten Christenheit, in der Zeit der Apostel und in der Zeit, da man das Neue Testament schrieb, diese Frage nicht so im Vordergrund gestanden habe, wie in späteren Zeiten und bei manchen Leuten heutzutage, die sich und anderen einreden wollen, der ganze Christenglaube stehe und falle mit diesem Satze. Als der *Apostel Petrus* zu Pfingsten den Glauben an Jesus verkündete, da redete er zum Volk vom gekreuzigten und ewig lebendigen Christus, aber er hielt es nicht für nötig, ihnen auch nur die geringste Andeutung von der übernatürlichen Geburt des Herrn zu machen. In der ganzen Apostelgeschichte findet sich diese Frage mit keinem Worte berührt.

Auch der Apostel Paulus redet nie davon. In allen seinen Briefen kommt dieser Glaubenssatz mit keinem Worte vor. *Jesus Christus ist für ihn Gottes Sohn, durch sein Wesen, durch seinen Geist, nicht durch seine Geburt.* »Als die Zeit erfüllet war, sandte Gott seinen Sohn *geboren von einem Weibe* und unter das Gesetz getan«, so schreibt er an die Galater. Wäre es ihm auf die übernatürliche Geburt angekommen, so hätte er sicher geschrieben: *»geboren von der Jungfrau«*. So aber genügt es ihm, daß er seinen Galatern sagt: Gottes Sohn ist vom Weibe geboren, d. h. ein Mensch geworden, wie wir.

Auch die *Schreiber der anderen Episteln* reden nicht von diesem Glaubenssatz, ebensowenig wie die *Evangelisten Markus und Johannes. Justin der Märtyrer,* der um das Jahr 100 n. Chr. geboren war, wußte von Christen, die Jesus für den Sohn Josephs und Marias hielten, *den Gott dann zum Heiland erwählt und mit seinem Geist ausgerüstet habe.* Aber, obwohl er selbst diese Ansicht nicht teilte, war er doch weit davon entfernt, deswegen die Glaubensgemeinschaft mit jenen Christen aufzuheben oder sie etwa gar des Unglaubens zu zeihen und sie zu verketzern. Er sagt einfach: »*Es gibt einige von den Unsrigen, welche be-*

kennen, daß er Christus sei, und doch behaupten, daß er als Mensch von Menschen gezeuget worden, welchen ich aber nicht beistimme« (Unterredung mit Trypho, Kapitel 28).
Und nun sollten wir in unserer Zeit engherziger werden als man es in der ersten Christenheit war? Nein. Kein Christ darf etwas ungeprüft als Glauben annehmen. Nicht der Unglaube ist der gefährlichste Feind des Christentums, sondern die Gedankenlosigkeit, die da wähnt, wir *müssen* nun etwas, weil es im Glaubensbekenntnis überliefert ist, einfach annehmen.

Wenn man der Geschichte des Aufkommens dieses Glaubenssatzes nachgeht, so wird man gewahr, daß er zum Teil aus der nicht sinngemäßen Deutung eines Prophetenwortes erwachsen ist. Im 7. Kapitel im 14. Vers verheißt der Prophet Jesaja dem König Ahas, daß eine Frau den Namen ihres Söhnleins »Immanuel«, d. h. »Gott ist mit uns«, nennen werde, wie man ja im Alten Testament oft findet, daß die Namen eine tiefere Bedeutung haben. Dieses sollte ein Zeichen für den glaubensschwachen König sein, auf Gott zu vertrauen, denn der Prophet traf ihn an, als er an Gottes Hilfe verzweifelte, weil die Könige von Samaria und Damaskus sich anschickten, gegen Jerusalem zu ziehen. *Das war im Jahre* 735 v. Chr. *Geburt!*

Später bezog man dieses Prophetenwort auf den Heiland und, indem man das hebräische Wort »*Frau*« durch »*Jungfrau*« ins Griechische übersetzte, kam man zur Anschauung, *daß nach dieser Weissagung Jesus auf übernatürliche Weise geboren sein müsse.*

Es steht also hier ebenso wie mit dem Satze, daß Jesus aus Davids Geschlecht stamme. Bei der übernatürlichen Geburt handelt es sich nicht um eine sicher bezeugte Nachricht, um etwas, *was Jesus und die Apostel zu glauben be-*

fohlen haben, sondern um eine Ansicht, welche in der älteren Christenheit verbreitet war. Wir wissen sie zu achten und zu schätzen, stehen ihr aber frei und ungebunden gegenüber. Jeder soll's damit halten, wie es ihm sein Gewissen gebietet.

Ja, vielleicht haben gerade wir *Protestanten* einen Grund, unsere *Bedenken* gegen diesen Satz von der übernatürlichen Geburt Jesu *nicht zu verschweigen*, denn gerade aus diesem Glaubenssatz ist die *Marienverehrung erwachsen*. War Jesu Mutter ein so heiliges, durch Gott wunderbar ausgezeichnetes Wesen, so gebührt ihr neben ihrem Sohn Verehrung und Anbetung. So sagte die Kirche. In der Geschichte des christlichen Glaubens kann man es daher genau verfolgen, wie dieser Gedanke immer stärker hervortritt, wie der *Glaube an Maria* neben dem *Glauben an den Heiland* immer mehr aufkommt, wie ihr *Feste gefeiert werden* und sie zuletzt zur *Himmelskönigin erhoben wird, die neben Gott und Christus herrscht, ja mehr vermag als der Heiland selbst*. Sie nimmt die Gebete auf und bringt sie vor Gott.

Mit demselben Rechte, mit welchem wir als Protestanten gegen diese Marienverehrung uns verwahren, dürfen wir auch unsere Bedenken äußern gegen den Glaubenssatz von der übernatürlichen Geburt Jesu, von welcher die Marienverehrung ursprünglich ausgegangen ist.

Und nun zum Schluß noch eine Frage: *Verliert denn unser Glaube so viel, wenn wir den Satz von der übernatürlichen Geburt des Heilandes dahingestellt sein lassen?* Es will manchmal scheinen, als lenke dieses Wunder von dem Gedanken an ein noch viel Höheres und Unbegreiflicheres, das dahinter steht, ab. Ein *irdisches Wesen wird von irdischen Eltern geboren*, und doch ist dieses Wesen nicht nur irdisch, *sondern es bringt auch göttliches unvergängliches Wesen mit auf diese Welt und trägt eine göttliche, unsterbliche Seele in sich!* Seine Eltern haben ihm dies nicht gegeben, *sondern Gott.* Daß in jedem irdisch geborenen Wesen göttlicher Geist ist, *das ist das große Wunder, das wir sinnend in jedem lallenden Kindlein anstaunen müssen!*

Was die Menschen Wunderbares über die Geburt des Heilandes erzählen, das reicht an dieses Wunder nicht heran! Wie können sie es denn unternehmen, den Ursprung des Göttlichen in unserem Heiland durch eine Vorstellung von seiner Geburt erklären zu wollen, *sie, die nicht einmal den Ursprung des Göttlichen in den Kindlein, die unter uns geboren werden, zu erklären vermögen, ja vielleicht über dieses Wunder gedankenlos hinweggehen!* In Jesus unserm Heiland ist den Menschen offenbar geworden, daß in dem Wesen »vom Weibe geboren« dennoch der göttliche Geist lebet und wohnet. Wir wollen nicht versuchen, dieses Geheimnis zu erfassen, das der Evangelist Johannes in den einfachen Spruch: »und das Wort ward Fleisch« einschließt, denn wir vermögen es nicht. Wir glauben es aber. Dieses Geheimnis soll uns zu denken geben. *Es versichert uns, daß Gott auch uns bei der Geburt von seinem Wesen mitgeteilt, und es ermahnt uns, daß wir unser göttliches Wesen sollen bewahren in einem heiligen Wandel, daß es wachse und uns durchdringe, bis Gott uns zur Verklärung in der Vollendung führt. Das ist der tiefe Gedanke über die Geburt Jesu, der auf jeder Seite des Evangeliums Johannes uns entgegenleuchtet. Es sei auch der unsere.*

Nachwort. – Ich bin mir bewußt, daß manche meiner Leser ihre Bedenken gegen die beiden letzten Artikel haben und sich fragen, ob dieselben auch allen zur *Erbauung* dienen, oder ob sie nicht manchem einen Stein des *Ansto-*

ßes bieten. Auch ich habe solche Bedenken während der Niederschrift in mir bewegt, habe mich aber dennoch entschlossen, beide zu veröffentlichen. Sie gehören in das Gebiet des Neuen Testaments, das ich behandle. Es ist daher eine *Pflicht der Wahrhaftigkeit*, daß ich sie nicht übergehe, sondern ruhig und rücksichtsvoll, indem ich jedem seine Meinung lasse, sage, wie ich darüber denke. Sodann aber glaube ich, daß diese beiden Artikel manchem, der sich keine Gedanken über diese Sätze des Glaubens macht, eine Aufklärung bieten, die ihn zu weiterem Nachdenken anregt, und ihn dadurch zur Klarheit führen helfen. Auch das *Aufklären* gehört zur Erbauung; es gäbe nicht so viele Gleichgültige und Ungläubige unter uns, wenn die Aufklärung, *das Eindringen in das Wesentliche des Glaubens*, weiter unter uns voran wäre. Es ist eine Beobachtung, die jeder machen kann, daß die Leute gerade am Äußerlichen und nicht zum Wesentlichen Gehörenden Anstoß nehmen und oft, weil sie Wesentliches und Unwesentliches nicht unterscheiden können, um ihren Glauben nicht zu verlieren, schwer ringen müssen. Diese Artikel helfen vielleicht manchem über einen solchen Anstoß hinweg. Ich veröffentliche sie daher in der Zuversicht, daß sie in ihrer Weise zur wahren *Erbauung* beitragen, und in der Gewißheit, daß sie keinen andern *Anstoß geben* können als den zum *Nachdenken* und zur *Duldsamkeit*.

A.S.

Nazareth

Wie ein Gebirgsdorf auf den Ausläufern der Vogesen über der Rheinebene, so liegt Nazareth auf den Höhen über der Kisonebene, genannt Ebene Jesreel. Die Hügel schließen das Dorf ringsum ein, aber wenn man die Straße herabsteigt, tut sich plötzlich, zwischen dem Karmel zur Rechten und dem Berg Gilboa zur Linken, die große Ebene vor einem auf. »Wie ein bewegtes Meer wogen die grünen Saatfelder vor dem entzückten Auge«, so schreibt der französische Schriftsteller Pierre Loti, der die Landschaft in der Frühjahrspracht sah.

Aber dieses Meer wogender Saatfelder deckt die Leichen

Tausender und Abertausender von Erschlagenen: Israeliten, Kanaaniter, Philister, Ägypter, Syrer, Assyrer und Babylonier ruhen hier nebeneinander, und wenn der Pflug durch die Felder gezogen wird, kehrt er verrostete Waffen zu Tage. Hier hat die Erde Blut getrunken mehr denn sonst ein Stück Land auf der Welt, denn diese Ebene Jesreel ist eines der größten und ältesten Schlachtfelder der Menschheit.
Auf ihr stießen die gewaltigen Völker Afrikas und Asiens in wildem Ringen zusammen. Hier stritten die Stämme Israels, von der Prophetin Deborah begeistert, den Verzweiflungskampf gegen den König Sisra (Richter 4 u. 5). Hier fanden die Kämpfe mit den Philistern statt; auf dem Berge Gilboa stürzte sich König Saul am Abend der verlorenen Schlacht verzweifelt in sein Schwert (1. Sam. 31). In dieser Ebene erwehrten sich die Israeliten der Syrer zur Zeit des Propheten Elisa. Hier bei Megiddo fiel der fromme König Josia von Juda, als er sich dem Pharao Necho, der gen Assur zog, entgegenstellte (2. Könige 23, 29–30). Während so die Weltflut über die Ebene dahinfuhr, umgaben die Hügel schützend das kleine Nazareth, als wollten sie den wilden Lärm abhalten, daß nichts den Frieden und die Stille des Ortes störte, wo der Heiland der Welt heranwachsen sollte.
Dreißig Jahre lebte er hier, als Kind, als Jüngling und als Mann, bis er auf der Straße, die zur Ebene hinabführt, von dannen zog, um den stillen Frieden Nazareths in die Welt hinauszutragen.
Von den Jahren, die Jesus hier als Kind verbrachte, ist keine Kunde zu uns gekommen. *Die Evangelisten schweigen darüber, weil ihnen eben nichts bekannt war.* Nach den Erzählungen zu urteilen, mit denen fromme Neugier die

dunklen Kindheitsjahre ausschmückte, müssen wir unsern Evangelisten Dank wissen, daß sie nichts Derartiges in ihre Berichte aufgenommen haben.

In der alten Zeit gab es nämlich »*Kindheitsevangelien*«. Ernste und besonnene Christen verwarfen sie zwar von jeher und verhinderten so, daß diese Schriften ins Neue Testament kamen. Das hinderte aber nicht, daß sie zu Zeiten vom wundersüchtigen Volk hoch geschätzt wurden.

Als Beispiel mögen zwei Erzählungen dienen, die aus einem »Evangelium«, das den Namen des Thomas trägt, entnommen sind. Es will die Kindheit Jesu von der Geburt bis zum zwölften Jahre erzählen.

»Das Knäblein Jesu, da es fünfjährig geworden, spielte es an dem niederen Ufer eines Baches und sammelte das fließende Wasser in Gruben und machte es alsbald rein und mit einem Wort ordnete es solches an. Und es machte Lehm weich und bildete aus demselben zwölf Sperlinge, und es war Sabbat, als es solches tat. Es waren aber auch viele andere Kinder da, die spielten mit ihm. Als aber ein gewisser Jude sah, was Jesus machte, daß er an einem Sabbat spielte, ging er alsogleich davon und meldete es seinem Vater Joseph: ›Siehe, dein Knäblein ist an dem Ufer und hat Lehm genommen und zwölf Vöglein gebildet und den Sabbat geschändet.‹ – Und Joseph ging hin an den Ort, und als er es sah, schrie er laut auf und sprach: Weswegen tust du solches an einem Sabbat, was nicht erlaubt ist zu tun? Jesus aber schlug seine Hände zusammen und schrie laut auf gegen die Sperlinge und sprach zu ihnen: Flieget davon! und die Sperlinge breiteten ihre Flügel aus und flogen schreiend davon.« – »Ein andermal spielte Jesus mit andern Knaben auf dem Dach, und einer von den Knaben, die mit ihm spielten, fiel von dem Hause herab und war tot. Die andern Knaben, da sie das sahen, liefen davon und Jesus allein blieb stehen. Und es kamen die Eltern des toten Knaben und klagten Jesum an, als habe er diesen hinabgestoßen; und sie mißhandelten ihn. Da stellte sich Jesus neben den Leichnam des Knaben, schrie mit lauter Stimme und sprach: Zenon! (denn also hieß der Name desselben) stehe auf und sage mir: Habe ich dich hinabgeworfen? Und alsbald stand er auf und sprach: Nein, o Herr, du hast mich nicht hinabgeworfen, sondern wieder aufgerichtet!«

Wie hat da die Legende das Jesuskind entstellt, indem sie es zum Wunderkind machte, das sich mit seiner übernatürlichen Kraft brüstet! Nein, *Jesus war ein Kind, ein einfaches Kind! Das einzige, was vielleicht an ihm auffiel, waren die nachdenklichen Fragen, die es stellte.*

So war der 12jährige Knabe, von dessen erster Festfahrt nach Jerusalem der Evangelist Lukas uns Kunde gibt (Luk. 2, 41–52). Freilich viele Leute, und besonders die Maler, fassen diese Erzählung falsch auf, *als wäre Jesus unter die Schriftgelehrten getreten und hätte sie belehrt.* So sieht man ihn gewöhnlich abgebildet. Er hat dabei etwas so Unkindliches an sich, daß man sich von diesem Knaben, der ehrwürdige Greise belehrt, fast abgestoßen fühlt. Auf diese Weise will es aber der Evangelist nicht verstanden haben, sondern Jesus hat seine Eltern verloren, während er den Gesetzeslehrern lauschte, und als sie das Kind wiederfanden, »war *es unter den Lehrern, daß es ihnen zuhörte und sie fragte*«. Ahnte wohl einer von ihnen, daß dieses fragende Kind kaum zwei Jahrzehnte später, an derselben Stelle, auch vor dem zum Osterfest versammelten Volke, sie leidenschaftlich anklagen würde, daß sie, blinde Blindenleiter, durch ihre äußerliche Gesetzesauslegung die Suchenden in die Irre führten? Und seine Mutter, ahnte sie, daß man einst zur Osterzeit ihr Kind, wie einen Missetäter, in Jerusalem kreuzigen würde? Sie zogen nach Haus – aus dem Kind wurde ein Jüngling. Auch von diesem wissen wir nichts: nur das eine, daß *er arbeitete.* Er war nicht nur des Zimmermanns Sohn, sondern selbst der Zimmermann. Für seine Mutter, Brüder und Schwestern arbeitete er, als der Vater, wie es scheint, früh gestorben war. »Ist das nicht der Zimmermann, Marias Sohn, und der Bruder des Jakobus und Joses und Judas und Simons, und sind nicht auch seine Schwestern allhier bei uns?« – so fragten die Leute aus Nazareth, als er später mit seinen Jüngern durchzog und in der Synagoge am Sabbat lehrte.

Sie hatten an diesem Jüngling nie etwas bemerkt. *Er machte nicht von sich reden.* Nie hatte er am Sabbat sich in der Synagoge hervorgetan, nie durch scharfsinnige Gesetzesauslegung ihre Bewunderung erregt –, sondern still ging er seines Wegs, und als er als Rabbi und Prophet vom See Genezareth zu ihnen zurückkehrte, da konnten sie es nicht fassen, *daß er es wäre,* hinter dem sie nichts geahnt.

Welche Gedanken bewegten sein Herz während dieser Jahre in Nazareth? War es ihm schon offenbar, daß er von Gott zum Heiland ersehen sei, oder ging es ihm damals langsam auf? Wir wissen es nicht. Niemals hat er davon gesprochen, wie er geworden und herangereift, sondern *er hat das Geheimnis seiner Jugend in seinem Herzen verschlossen, daß kein neugieriger Menschenblick es entweihe.* Wie die gewaltigen Berge sich in Nebel hüllen, um dann bei Sonnenglanz sich plötzlich zu entschleiern – so tritt auch Jesus, als seine Stunde gekommen, aus dem Dunkel heraus und steht nun mit einem Male in seiner gewaltigen übernatürlichen Größe vor der Menschheit. *Von da an ist er der Heiland.* Was er vorher gewesen, wie er es geworden, das bleibt ein Geheimnis zwischen Gott und ihm.

Dieses Geheimnis muß man ehren. *Kein frommer Wissensdrang soll versuchen, darin einzudringen.* Trägt denn nicht auch jeder Mensch eine Art innerstes Geheimnis in sich? Gibt es nicht für jeden einen innersten Winkel des Herzens, ein Allerheiligstes, das er vor jedem fremden Blick abschließt? Je tiefer und innerlicher ein Mensch angelegt ist, desto größer ist dieses Allerheiligste. Wie groß muß es dann bei einer so übernatürlichen Persönlichkeit, wie Jesus, gewesen sein.

Nur zuweilen klingt in seinen späteren Worten etwas durch, das uns ahnen läßt, was er in jener Zeit zu Nazareth durchlebt. »Ich bin gekommen, daß ich ein Feuer anzünde auf Erden: was wollte ich lieber es brennete schon? Aber ich muß mich zuvor taufen lassen mit einer Taufe – und wie ist mir so bange, bis sie vollendet werde«: so sagt er einmal zu den Jüngern (Luk. 12, 49, 50). *Eine Bangigkeit lag wohl auch über dem Jünglingsdasein in Nazareth, von dem Augenblick an, da Jesu offenbar wurde, daß Gott Großes und Gewaltiges mit ihm vorhabe.*

Währenddessen lebte er als schlichter Zimmermann – und wartete, bis Gott ihn rief. Da kam vom jüdischen Land her die Kunde von dem Auftreten Johannis des Täufers, der in der Wüste beim Jordan bußfertiges Volk um sich sammelte. Das hieß für Jesus: *die Stunde ist da, wo Gott den großen Bau auf Erden beginnt. Darum legte er das irdische Zimmermannswerkzeug nieder und zog von dannen an den Jordan.*

Israels Geschichte von der Verbannung bis zur Zeit Jesu

Es ist mit den Völkern wie mit den Menschen. Man kann den Charakter und die Gesinnung eines Menschen nicht verstehen, wenn man sich nicht vergegenwärtigt, was er durchgemacht hat. So muß man auch, um den Geist eines Volkes zu begreifen, einen Blick in seine Geschichte tun. Anders denkt ein Volk, das eine glänzende Vergangenheit hat und dem es wohl geht, anders ein Volk, das schwere Zeiten erlebt. Auch hier gilt, was im Menschenleben sich bewahrheitet: äußere Trübsal ist notwendig zum innerlichen Fortschritt. Gott führt die Menschen, mit denen er Großes vorhat, durch großes Leid, bis sie zu der Bestimmung heranreifen, die er ihnen angewiesen. Ebenso werden die Völker, durch die der Welt geistiges Gut zufallen soll, von Gott dazu bereitet durch das, was sie in der Geschichte erleben.

Darum soll man nicht, wie man es so oft tut, in allem, was dem Volk Israel Schlimmes begegnet ist, eine Strafe Gottes für seinen Wankelmut sehen. Das ist eine einseitige Betrachtungsweise. Alles mußte kommen, wie es kam, damit dieses Volk der Welt das schenken konnte, was wir ihm verdanken: *das Christentum.* Mit diesen Gedanken muß man das Bild der Geschichte Israels in der Zeit vor Jesu Geburt und während seiner Jugend aufrollen, wenn man ihren höheren Sinn verstehen will.

Seit der Rückkehr aus der babylonischen Gefangenschaft wich das Unglück nicht von Israel. Es hatte seine Selbständigkeit verloren und stand unter der Herrschaft der Perser. Als das persische Reich gegen das Ende des vierten Jahrhunderts vor Christi Geburt durch Alexander den Großen zerstört wurde, da fing die schlimme Zeit erst recht an. Nach dem Tode Alexanders fiel nämlich sein gewaltiges Reich in mehrere Teile auseinander, die sich gegenseitig bekriegten. Ägypten und Syrien stritten sich um das Land Juda, oder besser gesagt, um die wichtige Festung Jerusalem, und das Volk litt schwer unter den fortwährenden Kriegen und Belagerungen. Jerusalem wurde eine arme Stadt. Zuletzt kam es dauernd in die Gewalt der Syrer. Unter diesem Regiment begann eine schwere Bedrückung. Anno 175 vor Christi Geburt kam nämlich Antiochus IV., genannt *Antiochus Epiphanes,* auf den syrischen Thron. Die Eigenart des jüdischen Volkes und seiner Religion verstand er nicht, sondern er sah darin nur ein Hindernis für seine Politik, die darauf ausging, ein einheitliches syrisches Reich zu schaffen mit griechischer Sprache und griechischen Göttern. Sein Streben war also darauf gerichtet, die Eigenart des jüdischen Volkes zu vernichten und seine Religion auszurotten.

Die vornehmen priesterlichen Familien in Jerusalem waren nicht allzuschwer für das fremde Wesen zu gewinnen, aber im Volk gärte es. Der König nahm keine Rücksichten. Als er anno 170 vor Christi Geburt Geld brauchte, vergriff er sich am Tempelschatz und raubte die kostbaren Geräte des Heiligtums. Um einer Empörung vorzubeugen, ließ er die Stadtmauer schleifen und legte eine syrische Besatzung in die Burg von Jerusalem. Nun glaubte er, alles wagen zu dürfen. Die Erfüllung der gesetzlichen Vorschriften wurde verboten und des Königs Beamte waren angewiesen, die Leute dem Heidentum auf alle mögliche Weise zuzuführen. Der Tempel des alleinigen Gottes wurde dem griechischen Gott Zeus geweiht und ihm ein Altar auf dem großen Brandopferaltar errichtet. Das war, was man die Zeit der syrischen Religionsnot nennt. Von der Bewegung, die damals durch das Volk ging, gibt das Buch des Propheten Daniel Zeugnis, denn es ist um jene Zeit geschrieben worden, um das Volk zum Widerstand zu entflammen. Mit dem »Greuel des Verwüsters«, von dem es redet, ist die Entweihung des Tempels durch den syrischen König gemeint.

Unter der Führung des priesterlichen Geschlechts der *Hasmonäer* brach der Aufstand los. Auf dem Land erhoben sich die Frommen, befehligt und begeistert von dem Priester Mattathias und seinen heldenhaften Söhnen, unter denen besonders Judas Makkabäus, das heißt Judas der Hämmerer, hervorragte. Man nennt diese Erhebung den makkabäischen Aufstand. Er ist geschildert in dem ersten Buch der Makkabäer. Mit wechselndem Erfolg zog sich der Kampf hin, über 25 Jahre lang! Endlich, nachdem alle Söhne des Mattathias bis auf einen gefallen waren, mußten die Syrer die Freiheit des jüdischen Staates anerkennen. Simon, der letzte überlebende Sohn des Mattathias, wurde regierender Hohepriester. Er vereinigte die geistige und die weltliche Herrschaft in seiner Person ungefähr so, wie gewisse Erzbischöfe im Mittelalter zugleich deutsche Kurfürsten waren.

Die Vereinigung geistiger und weltlicher Macht barg aber schon damals dieselbe Gefahr wie im Mittelalter, daß nämlich die weltliche Macht zuletzt die Hauptsache wurde. So verweltlichte das Hasmonäische Priestergeschlecht. Im Jahre 104 nahm der damalige *Fürst-Hohepriester Aristobul* den Königstitel an. Nun wurde das Land wieder in die Kriege hineingestürzt. Noch schlimmer und verhängnisvoller waren die Familienstreitigkeiten im Herrscherhaus;

denn diese gaben dem berühmten Feldherrn *Pompejus* auf seinem großen asiatischen Kriegszug im Frühling des Jahres 63 vor Christi Geburt Gelegenheit, sich als Schiedsrichter einzumischen. Sein Richterspruch fiel so aus, daß der Hohepriester fortan nur die geistliche Macht behielt; die weltliche Herrschaft übte Rom im Lande aus.

Römische Herrschaft – das hieß römische Erpressung. Das Volk wurde ausgesogen und die Steuern mit unbarmherziger Grausamkeit eingetrieben. Die syrischen Statthalter taten es sich im Rauben zuvor. So erzählt der jüdische Geschichtschreiber Josephus, dem wir die Kunde über diese Zeit verdanken, daß man dem syrischen Statthalter Crassus, als er nach Jerusalem kam, den goldenen Balken, an dem der große Tempelvorhang hing, anbot. Man wollte ihn so zufriedenstellen. Er nahm den Balken, den man ihm anbot, und noch 10000 Talente aus dem Tempelschatz, die man ihm nicht anbot. Das war die Art, wie sich römische Statthalter bereicherten. Crassus war der reichste Mann Roms. Die Aufstände, die wegen dieser Erpressungen ausbrachen, wurden grausam niedergeschlagen. Cassius, der Nachfolger des Crassus, verkaufte 3000 aufständische Juden als Sklaven. So versteht man den Haß der Israeliten gegen die römischen Zöllner.

Noch einmal schienen bessere Zeiten für das Land zu kommen, als nämlich unter *Herodes* dem Großen fast ganz Palästina wieder ein selbständiges Königtum bildete. Sein Vater Antipater hatte als oberster Beamter des Hohepriesters Hyrkan II. dem Cäsar, als er in Ägypten kämpfte, 1500 Mann geworbene Truppen zugeführt und ihm auch sonst große Dienste geleistet. Das war anno 48 vor Christi Geburt. Er genoß dafür die dankbare Gunst Cäsars und der auf seiner Seite stehenden römischen Machthaber. Diese

Gunst übertrug sich unter Kaiser Augustus auf seinen Sohn Herodes. Im Jahre 40 vor Christi Geburt wurde er zum König von Judäa ernannt und wußte nun, geschickt und verschlagen, wie er war, diese Herrschaft bis zu seinem Tod stetig zu vergrößern.
Ein hervorstechender Zug dieses Herrschers war seine Grausamkeit; denn wenn Herodes Verdacht hatte, wurde er grausam wie ein Raubtier. Schonungslos räumte er unter der Hasmonäischen Hohepriesterfamilie auf. Hyrkan den II., den Pompejus zum Hohepriester eingesetzt hatte, ließ er hinrichten, nachdem er freundlich gegen ihn gewesen war, so lange er ihn gebraucht hatte. Auch seiner eigenen Gemahlin Mariamne, die eine Enkelin des Hyrkan war, schonte er nicht. Er ließ sie mit ihrer Mutter töten. Als er Argwohn hegte gegen zwei seiner Söhne, die in Rom erzogen worden waren, stellte er sie vor ein Gericht, das sie zum Tode verurteilte. Ungereizt war aber diese Tigernatur edler Regungen fähig. Herodes war freigebig. Zweimal erließ er seinem Volke in schlechten Zeiten einen Teil der Steuern, und in einer Hungersnot half er mit Selbstaufopferung. Für sein Land tat er viel. Reichtum und Wohlstand waren die Folge seiner Regierung. Er sorgte für Ordnung und Verkehr und gab den Leuten großen Verdienst durch seine herrlichen Bauten. Herodes war, etwa wie Ludwig XIV. von Frankreich, ein hervorragender Herrscher mit großen Vorzügen und großen Fehlern. Religion hatte er keine. Den Heiden war er ein Heide und den Juden ein Jude. Der Mann, welcher den Göttern außerhalb Jerusalems Tempel baute, ließ es sich nicht nehmen, dem alleinigen Gott in Jerusalem einen neuen zu errichten. Es war der Tempel, an dem jahrzehntelang gebaut worden war und dessen gewaltige Quadersteine die Jünger Jesu in Erstau-

nen setzten. Herodes schützte die jüdische Religion aus Staatsrücksichten; er unterwarf sich ihren Zeremonien und hielt es mit den Strenggläubigen. Aber das Volk traute ihm nicht, denn es wußte, daß dieser Eifer nur äußerlich war. Beliebt war er nie, obwohl er viel Gutes für das Land tat. Das ist der Fluch, der die charakterlosen Menschen verfolgt, daß auch das Gute und Große an ihnen nicht gewürdigt werden kann und darf.

Dieser Herodes war wahrscheinlich schon gestorben, als Jesus geboren wurde. Der Herodes, von dem beim Auftreten Jesu die Rede ist, mit dem Beinamen Antipas, war sein Sohn und Nachfolger in Galiläa. Er regierte vom Jahre 4 vor Christi Geburt bis zum Jahre 38 nach Christi Geburt. Als Herrscher war er unbedeutend. Von Natur gutmütig und schwach, gehörte er zu den Menschen, die etwas leisten, wenn sie unter einen guten Einfluß kommen, und zu Verbrechern werden, wenn sie unter schlechte Herrschaft kommen. Seine zweite Frau, Herodias, wurde sein Fluch. Sie war vorher die Gemahlin eines seiner Brüder gewesen, hatte dann aber ihren Mann verlassen und den Herodes geheiratet. Als Johannes der Täufer gegen diese sündhafte Ehe predigte, brachte Herodias ihren Mann dazu, daß er ihn gefangen setzte, und in einer schwachen Stunde erwirkte sie sein Todesurteil von ihm.

Durch des Weibes Ehrgeiz kam Herodes zu Fall. Obwohl das Volk ihn König nannte, führte er diesen Titel nicht amtlich, weil er ihm nicht von Rom aus verliehen war. Von Rom aus war er nur Fürst. Das ließ der Herodias keine Ruhe, sondern sie bewog ihn, mit ihr zum Kaiser Caligula nach Rom zu reisen, um sich den Titel zu erbitten. Dort hatte er aber kein Glück. Der Kaiser wurde ihm schlecht gesinnt und verbannte ihn nach Lyon. Man weiß nicht,

wie er starb. Sein Name wäre vergessen und verweht, wenn der Fluch des Blutes Johannes des Täufers nicht darauf haftete und wenn die Geschichte unseres Heilandes ihn uns nicht aufbewahrt hätte.
Über Judäa regierte zur Zeit Jesu kein König. *Archelaus*, der Sohn Herodes des Großen, dem das Land bei der Erbschaft zugefallen war, wurde schon anno 6 nach Christi Geburt vom Kaiser abgesetzt und Judäa kam in römische Verwaltung. So fügte es sich, daß ein römischer Statthalter, der Vertreter des großen heidnischen Weltreiches, mitschuldig wurde an dem Todesurteil über Jesus.
Das war die Lage der Dinge, während Jesus heranwuchs. Das Unglück lastete schwer auf dem Volk. Es kannte keine weltliche Hoffnungsfreudigkeit, wie man sie bei Völkern findet, die fühlen, wie sie an Macht und Ansehen vorwärtskommen. Dafür aber war Israel durch das Unglück verinnerlicht und geläutert worden. Es wußte geistige Güter zu schätzen. Die Religion war nicht eine Nebensache, sondern die Hauptsache für das Volk und für den einzelnen. Religiöse Gleichgültigkeit, an der die Völker in glücklichen Zeiten kranken, gab es nicht. Wenn auch die Frömmigkeit in vielen Dingen in einer falschen Bahn lief und veräußerlichte, so war sie doch da. Jesus hatte seinem Volk viel vorzuwerfen – aber nie Mangel an Streben in der Frömmigkeit. Wenn das Volk als ganzes durch ihn nicht zur neuen Wahrheit belehrt wurde, so lag das an besonderen Umständen, nicht an mangelnder Frömmigkeit.
Anderseits darf man nicht vergessen, daß gerade das Volk Israel durch seine Schicksale dem Christentum den Weg bereitet hat in der griechischen und römischen Heidenwelt. Seit der babylonischen Gefangenschaft hatte es eigentlich aufgehört, ein einheitliches Volk zu sein. Die Isra-

eliten, die in Palästina wohnten, waren nur ein kleiner Teil des jüdischen Volkes, das über die ganze damalige Welt zerstreut war. Dieses zerstreute Israel hat die große geschichtliche Aufgabe erfüllt, zu der Gott sein Volk bestimmt hatte: Vorläufer des Christentums zu sein. Jene Leute, die in die Fremde zogen, weil es ihnen daheim zu eng und zu traurig war, trugen den Glauben an einen geistigen alleinigen Gott in die Heidenwelt hinaus; sie bildeten religiöse Genossenschaften unter den Heiden und redeten ihre Sprache. So gingen die Worte, die Jesus in Galiläa sprach, nicht verloren, als das Volk, dem sie galten, sie nicht annahm, sondern durch die Zerstreuung Israels pflanzten sie sich über das ganze römische Reich fort und trugen herrliche Frucht. Was hätte der Apostel Paulus wirken können, wenn er nicht ein Jude aus der Zerstreuung gewesen, wenn er nicht griechisch und hebräisch gekonnt hätte, wenn er nicht in jeder römischen Stadt Juden und Judengenossen gefunden hätte, bei denen er mit der Verkündigung des Evangeliums anknüpfen konnte?

So fing Israel an, *dem Christentum den Boden zu bereiten* in dem Augenblick, wo es aufhörte, ein einheitliches Volk zu sein, wo es aus seiner Abgeschlossenheit heraustreten mußte und sich über die ganze Welt verbreitete. Es verhielt sich damit wie mit einem Fluß, der durch ein Wiesental fließt. Trocken zieht sich das Bett dahin, mit Wacken und Kieß angefüllt, ein Bild der Verlassenheit und Verwüstung. Aber mitten in den Matten glänzen die Wasserfurchen wie schmale Silberstreifen. Sie führen das Wasser des Flusses und machen die Wiesen fruchtbar. So erfüllt der Fluß seine Bestimmung, indem er aufhört Fluß zu sein und sich verteilt. Ebenso diente Israel Gottes Zwecken unter den Heiden, als es aufhörte Volk zu sein und aus dem heiligen Land über die Heidenwelt zerstreut wurde. Darum, wenn die Schicksale dieses Volkes vor uns stehen, empfinden wir Teilnahme und Dankbarkeit für dasselbe. Es hat mit Tränen gesät, damit wir mit Freuden ernten. Gottes Wege in der Geschichte der Menschheit sind geheimnisvoll.

Pharisäer und Sadduzäer

In unsern Evangelien begegnet man auf Schritt und Tritt den Pharisäern und Sadduzäern. Von diesen beiden Parteien weiß das Alte Testament noch nichts. Wie und wann sind sie entstanden?

Die *Sadduzäer* waren die vornehmen priesterlichen Familien zu Jerusalem. Aus ihnen wurde der Hohepriester gewählt, sie besetzten die hohen Ämter im Tempel und beherrschten das Heiligtum. Sadduzäer hießen sie als Nachkommen und Anverwandte der Familie des Priesters Zadok, welcher unter David und Salomo die Oberpriesterschaft am Heiligtum zu Jerusalem zugefallen war.

Ganz anders ist der Ursprung der *Pharisäer*. Sie waren keine Priester, sondern Laien und bildeten die Partei der einfachen frommen Leute. Zum ersten Mal treten sie hervor nach dem siegreichen Ende des Makkabäeraufstandes. Als nämlich die Fremdherrschaft der Syrer gebrochen war und die Regierung an die vornehmen priesterlichen Familien überging – da riß unter diesen selbst das weltliche Wesen ein. Sie beschäftigten sich mehr mit Politik als mit Religion, schlossen Bündnisse, führten Kriege zur Erweiterung ihrer Macht und nahmen griechisch-heidnische Sitten und Gebräuche an. Das war aber den »Chasidim«, das heißt den Frommen im Lande, ein Greuel. Darum trennten sie sich von den Priestern und bildeten die Partei der Pharisäer, d. h. der Sektierer, der Abgesonderten. Sie achteten zwar die Priester als die von Gott bestellten Diener des Heiligtums. Hingegen wollten sie selbst die große Aufgabe auf sich nehmen, der jene aus dem Weg gingen: das Volk Israel zum heiligen Volk Gottes zu erziehen. Wenn Israel damals nicht ein weltlicher Staat geworden ist, so ist es das Verdienst der Pharisäer.

Ihr erster Grundsatz lautete: Israel führt keine Kriege und treibt keine Politik, sondern es vertraut auf Gott, seinen einzigen König. Wie er's macht, so ist's recht. Wenn er sein Volk unter heidnische Herrschaft kommen läßt, so tut er es, um es zu demütigen und zu läutern. Wenn die heidnischen Heere den Boden des heiligen Landes betreten und Jerusalem erobern, führen sie nur seinen Befehl aus. Dann heißt es stillehalten und in sich gehen. Solche Gedanken finden sich in dem »Psalmbuch Salomos«, einem Buch, das etwa 60 Jahre vor der Geburt Jesu geschrieben ist, zur Zeit, da Israel unter römische Herrschaft kam.

Dieses Stillehalten war das Glück der Pharisäer. Die vornehmen Sadduzäer trugen die Folgen ihrer Politik. Zu Scharen wurden sie zuerst von den Römern, dann von Herodes hingemetzelt. Zu Jesu Zeit hatten sie nur noch eine Scheinherrschaft. Das Ansehen der Pharisäer stieg dagegen von Tag zu Tag. Sie beherrschten tatsächlich das Volk. Herodes ehrte und schützte sie, weil er sie fürchtete und brauchte. Damals, also etwa ein Menschenalter vor Jesus, war ihre Blütezeit. Das Ideal, das sie erstrebten, schien erreicht. Sie hatten es dahin gebracht, daß das heilige Gesetz Mosis das Ansehen, das ihm gebührte, überall genoß. In allen Ortschaften, bis in die entlegensten Winkel des Landes, standen die Synagogen, wo das Volk am Sabbat zusammenkam und im Gesetz unterrichtet wurde. Sie mußten dieses Gesetz kennen, weil sie danach das Tun und Lassen, ihr tägliches Leben bis ins einzelste einrichten sollten. Erst, wenn das ganze Volk nach dem Gesetze lebte, war es wirklich das Volk des Herrn; dann auch sollte die Erlösung und die Herrlichkeit kommen. »Wenn das ganze Volk Israel auch nur einmal einen Sabbat unübertreten hielte, dann könnte und würde der Herr sich seiner erbarmen«, so lautete der Spruch eines Gesetzeslehrers.

Das Alte Testament war also das große Gesetzbuch. Aus diesem Gesetz galt es nun die näheren Vorschriften für alle Fälle im Leben abzuleiten. So machten sich die Pharisäer und Schriftgelehrten daran, das Gesetz bis ins einzelste zu deuten. Diese Ausdeutung wurde von einer Generation der andern mündlich überliefert. Das waren *»die Aufsätze der Ältesten«*, von denen unsere Evangelien reden. Darin wurde genau bestimmt, was man unter der »Sabbatheiligung« zu verstehen habe, wie weit man am Sabbat gehen dürfe, welche notwendigen Verrichtungen in Haus und Hof man vornehmen dürfe, ohne den Sabbat zu verletzen. Ebenso wurden die Reinigkeitsvorschriften bis in die geringsten Einzelheiten festgelegt: wie man die Gefäße rein halten solle, wann man die Hände waschen müsse, wie man sich zu verhalten habe, um sich nicht durch Umgang oder Berührung mit Heiden zu entweihen. Auch für die Opfer und Gaben wurde alles bis ins Kleinste geregelt. Im Gesetz war gesagt, man solle den Zehnten von Korn, Most und Öl geben; die Pharisäer gingen weiter: auch Münze, Till und Kümmel mußte man verzehnten. Dies nur einige

Beispiele von den näheren Ausführungen zum Gesetz, die von Generation zu Generation überliefert und zuletzt, viel später, im Talmud gesammelt wurden.
Die Pharisäer und Schriftgelehrten machten also Zusätze zum Gesetz. Sie entschieden, was erlaubt und was nicht erlaubt war. Das nannte man *Binden und Lösen.* In strittigen Fällen richtete man sich nach den überlieferten Entscheidungen großer Gesetzesgelehrter. Diese waren aber nicht immer derselben Ansicht. Es gab zwei Richtungen unter ihnen, eine strengere und eine freiere. Die strengere wurde durch den Gesetzeslehrer *Schammai,* die freiere durch *Hillel,* den Großvater des aus der Apostelgeschichte bekannten Gamaliel, vertreten. Beide lebten ein Menschenalter vor Jesus, unter Herodes dem Großen. In vielen Fragen, die Jesu vorgelegt wurden, sollte er nun entscheiden, wer Recht hatte, die Strengeren oder die Freieren. Dabei stand er meistens auf der Seite des Hillel, der überhaupt eine der angenehmsten Erscheinungen unter den Pharisäern war. Dieser Gesetzeslehrer hatte Herz und Gemüt und verlor sich nicht in Kleinigkeiten. Hillel war es z. B., der zuerst darauf hingewiesen hatte, daß es ein Gebot geben müßte, das alle andern, man zählte deren 613, zusammenfaßte. Der Schriftgelehrte, welcher zu Jesus trat und ihn nach dem großen Gebot fragte, war also aus der Schule Hillels.
Die Pharisäer hatten große Verdienste um das Volk. Sie haben ihm seine Religion erhalten; sie haben es zur Frömmigkeit erzogen, und zwar nicht zu einer bequemen, sondern zu einer schweren Frömmigkeit. Auch haben sie dem Volk Respekt vor der Religion beigebracht. Man schämte sich nicht, fromm zu sein oder in den Gottesdienst zu gehen. Auch war Jesus weit davon entfernt, ihnen diese Ver-

dienste abzuerkennen. Wenn er sich auch nicht an alle Kleinigkeiten band, lebte er doch mit seinen Jüngern im allgemeinen nach den Vorschriften der Pharisäer. »Das eine tun und das andere nicht lassen«: das war sein Wahlspruch. Ein andermal sagte er: »Alles was euch die Pharisäer sagen, daß ihr's halten sollt, das haltet und tut's.« Es war ganz seinem Willen gemäß, daß die ersten Christen die pharisäisch gesetzlichen Vorschriften beobachteten. Jakobus der Ältere, der Vorsteher der Gemeinde zu Jerusalem, führte sogar den Beinamen »der Gerechte«, weil er in dieser pharisäischen Frömmigkeit hervorragte.

Jesus kannte Pharisäer, an denen er Gefallen hatte. Zu dem, der ihn nach dem großen Gebot fragte, sagte er: du bist nicht fern vom Reich Gottes. Und dennoch sah er in den Pharisäern allgemein seine größten Feinde und die Verderber des Volkes. Zu Jerusalem, wenige Tage vor seinem Tod, erging er sich in einer furchtbaren Strafrede wider sie (Matth. 23). Mit klarem Blick erkannte er die großen Schattenseiten der pharisäischen Erziehung und Frömmigkeit, die damals anfingen, schärfer hervorzutreten, weil die große Zeit der Pharisäer eben schon vorüber war. Zu diesen Schattenseiten gehörte zunächst ein geistiger Hochmut, der bei einer äußerlich sichtbaren Frömmigkeit unausbleiblich war. Man wollte nicht nur fromm sein, sondern auch als fromm bekannt werden; darum betete man auf den Gassen, man gab seine Almosen, daß es die Leute sahen, und man war empfindlich, Rabbi genannt zu werden und überall obenan zu sitzen. Dieser fromme Hochmut verdarb das Herz. Auch an der Wahrhaftigkeit litten sie Schaden. Sie kamen dazu, kleinliche Unterschiede zu machen, so z. B. das Schwören beim Gold des Tempels für bindender zu erachten, als den Schwur beim Tempel. Das widerspricht aber der natürlichen Wahrhaftigkeit, für die das gegebene Wort an sich so heilig ist wie ein Schwur; darum verdammt Jesus die Pharisäer als Lügner. Noch schwerer wog bei ihm aber die Veräußerlichung. Die Religion der Pharisäer war die Religion der Gewohnheit und der Vorschriften. Fromm sein, hieß eine Menge Äußerlichkeiten beobachten. So machten sie die Religion zu schwer und zu leicht. Zu schwer, weil sie die Leute mit selbstersonnenen Übungen und Gebräuchen plagten und ihnen dadurch unerträgliche Bürden auf den Hals luden; denn um pharisäisch fromm zu sein, mußte man Zeit und Geld haben. Zu leicht, weil sie dem Volk eine Frömmigkeit vorhielten, bei der das Herz und das Gemüt unbeteiligt waren. Schließlich hatten sie selbst kein Herz. Sie hießen es gut, wenn ein Mensch dem Tempel reiche Geschenke gab und die armen Eltern darben ließ. Sie zogen über Land, über Wasser als Missionare für ihre Religion, ob sie Gläubige gewinnen möchten: dabei aber waren sie für die Kinder Israels hart und unnachsichtlich. Wer nicht nach ihren Vorschriften wandelte, dem schlossen sie die Tür des Himmels zu. Dem Gefallenen reichten sie die Hand nicht, sondern sie stießen ihn durch die Verachtung und Verdammung nur noch tiefer in Sünde. Durch diese Härtigkeit hatten die Pharisäer Jesu Herz verwundet, darum kannte er keine Nachsicht mit ihnen, sondern er hat sie, und damit jede übertriebene Veräußerlichung in der Religion, für alle Zeiten gebrandmarkt.

Wir erkennen dieses Urteil als gerecht an. Diese flammenden Worte mußten emporlodern, wo der Mensch des Herzens mit den Menschen der Gewohnheit und der Veräußerlichung zusammentraf. Dennoch aber dürfen wir diese Worte von uns aus nicht nachreden, ebenso wenig wie wir das Urteil Luthers über die Mönche allgemein nachreden dürfen, sondern wir müssen auch die Verdienste anerkennen und in Erwägung ziehen, daß Jesus ein verknöchertes Pharisäertum und Luther ein zum großen Teil entartetes Mönchstum vor Augen hatten. Die Pharisäer in ihrer Glanzzeit aber haben das jüdische Volk zur Frömmigkeit erzogen, wie die Mönche beim Beginn des Mittelalters die Erzieher der rohen germanischen Völker gewesen sind. Beide haben ihre Aufgabe mit Ernst und Hingebung erfüllt. Das soll ihnen unvergessen sein. Überlassen wir es den großen Geistern, die Richter in der Geschichte zu spielen. Uns ziemt es, das Gute, wo wir es finden, anzuerkennen und zum Vorbild zu nehmen. Ehrlich gestanden haben wir kein Recht, über die Pharisäer zu Gericht zu sitzen, sondern das Urteil Jesu über sie muß uns zu ernster Selbstzucht mahnen; denn die Männer, die seine Verdammung trifft, die stehen mit ihrer Zeit, was das Streben nach Frömmigkeit und das fromme Leben betrifft, hoch über der unsrigen. Er brauchte ihnen nicht vorzuwerfen, daß das Streben nach Frömmigkeit dem Volke abhanden gekommen, daß man sich seines Glaubens schämte und daß der Feiertag nicht geheiligt wurde. In dem, was er ihnen nicht vorzuwerfen hatte, ist unsere Zeit gerichtet. Daß Jesus nicht über religiöse Gleichgültigkeit im Volk zu klagen hatte, das bleibt der Ruhm der Pharisäer, den ihnen keine spätere Zeit streitig machen kann.

Die messianischen Hoffnungen des Volkes Israel

Die Geschichte Israels war eine Wanderung im finsteren Tale. Darüber aber stand ein leuchtender Stern: *die messianische Hoffnung*. Je größer das Dunkel, desto heller strahlte der Stern.

Der Anfang der messianischen Hoffnung fällt in die Zeit des Verfalls des Königtums. Davids Nachfolger waren schwache und unheilige Herrscher, unter denen das Reich zerfiel. Mit Sehnsucht gedachte man der Herrlichkeit des Reiches Davids, da seine Grenzen weit waren und man im Frieden wohnte unter dem Schirm eines Herrschers, dem Gott Weisheit und Frömmigkeit ins Herz gegeben. Da kam der Prophet *Jesaja*. Es war die Zeit der größten Not Judas. Er aber sprach: Hoffet! Wir stehen in der Prüfung, Gott sichtet sein Volk, aber dann wird er neue Herrlichkeit über Israel aufgehen lassen, er wird einen König erwecken aus dem Hause Davids, sein Geist wird auf ihm ruhen und unter seinem frommen Regiment wird das Reich des Friedens über die Welt kommen. Mit wunderbar schönen Worten beschrieb der Prophet diese neue Herrschaft des Sprosses Davids, der in Wahrheit der gesalbte Gottes, der Messias, sein sollte. Sie stehen aufgezeichnet im Kap. 9, 1–6 und im Kap. 11, 1–10 seines Prophetenbuches. Aber auch im Herzen Israels standen sie. Alles Elend konnte sie nicht herausreißen. Das Königtum brach zusammen. Zedekia, der letzte selbständige Herrscher aus dem Haus Davids, wurde auf der Flucht gefangen. Seine Söhne wurden vor seinen Augen zu Ribla hingemetzelt und er selbst dann geblendet und in Ketten nach Babel geführt (2. Kön. 25, 1–8). Jerusa-

lem fiel, der Tempel wurde zerstört – aber unzerstörbar wohnte die messianische Hoffnung im Herzen des Volkes, das in die *babylonische Gefangenschaft* wanderte.
Es kam die Zeit der Rückführung. Nun sollte des Herrn Wort sich erfüllen und die neue Herrlichkeit zu Jerusalem anbrechen. Mit Ehrfurcht sah man auf *Serubabel*, den Sproß aus Davids Stamm, der die erste Karawane der Rückkehrenden führte. Auch der Prophet *Zacharja*, der unter den Zurückgekehrten prophezeite, teilte diese Erwartung, wie man noch aus dunkeln Andeutungen aus seiner Prophetenschrift erkennen kann (Zach. 4, 6–10; Kap. 6, 10–15). Die Hoffnung täuschte. Es kam die Zeit der fürchterlichen Ernüchterung. Jerusalem blieb eine arme, tributpflichtige Stadt; das Geschlecht Davids verschwand; persische Statthalter und syrische Könige herrschten über Juda. Die heidnischen Weltreiche triumphierten. Krieg und Kriegsgeschrei umtobten Jerusalem mehr denn je. Immer dunkler zogen die Wolken auf. Das Volk erstickte. Es hatte nicht mehr die Kraft *zu hoffen*. Die messianische Erwartung war hingesunken und der Prophetenmund war verstummt. König Epiphanes hob seine Frevlerhand wider das Heiligtum – und Gott schwieg. Wo blieb der Messias?
Da lief unter denen, die sich zum Kampf für das Heiligtum scharten, ein Buch um: das Buch *Daniel*. Darin stand, daß Daniel, ein Prophet zur Zeit des Königs Nebukadnezar, alles was seither gekommen, in merkwürdigen Gesichten vorausgeschaut hatte. Vier gewaltige Tiere hatte er aus dem Meere erstehen sehen. Diese bedeuteten die heidnischen Weltreiche bis auf Alexander den Großen. Zehn Hörner sollten aus dem letzten hervorgehen: das waren die verschiedenen Reiche, in die es zerfiel. Eines dieser Hörner, Antiochus, König von Syrien, erhob sich wider

das Volk Gottes und schmähte den heiligen Gott. Der ließ es für eine Weile zu, aber dann kam das Gericht. Es sollte heraufgeführt werden durch eine Menschengestalt, »wie eines Menschen Sohn«, die auf den Wolken des Himmels erschien und Gottes Herrschaft auf der Welt ausbreitete. So war zu lesen bei Daniel im 7. Kapitel. Wer es geschrieben hat, wissen wir nicht, aber entstanden ist es zur Zeit der syrischen Religionsnot unter Antiochus Epiphanes, als im Kampf gegen die heidnische Lästerung des Heiligtums zu Jerusalem die messianische Hoffnung wieder auflebte. Von da an ging die Erwartung nicht mehr unter, daß der Messias zum Weltgericht erscheinen würde. Sie nahm immer mehr zu. Aus der trostlosen Gegenwart flüchtete man in eine erträumte herrliche Zukunft. In den 60er Jahren vor Christi Geburt, als Pompejus Jerusalem eroberte, da wurde die messianische Hoffnung wieder Eigentum des ganzen Volks. Es entstanden eine Reihe von Schriften, welche Offenbarungen bieten wollten über die Erscheinung des Messias und die Endzeit. Sie hießen *Apokalypsen*. Das war die neue Prophetie. In den bewegtesten Bildern und in den glänzendsten Farben malten sie die Zukunft aus. Dem Kommen des Messias sollte eine Zeit unerhörter Drangsale vorhergehen, »die Wehen des Messias«. In dieser Zeit sollte die widergöttlich-sündige Macht ihr Maß vollmachen, die Frommen aber sich bewähren. Je schwerer die Not, je näher der Messias. Da erschien er auf den Wolken des Himmels zum Gericht. Aus allen vier Enden der Welt sammelte sich das zerstreute Israel. Die gestorbenen Geschlechter erstanden aus dem Grabe, das Meer gab seine Toten wieder, und alle Völker und Menschen, die je gelebt, standen da, ihr Urteil zu empfangen. Nachdem die Bösen vernichtet waren, brach für die Ge-

rechten das Friedensreich des Messias an. Auch die Natur und Erde sollten sich verwandeln: einen neuen Himmel und eine neue Erde würde Gott schaffen, und die Heiligen sollten darin leben.
Die vornehmen *Sadduzäer* teilten diesen Glauben nicht. Sie spöttelten darüber, denn wer den Messias und das Gericht erwartete, der mußte auch an die Auferstehung glauben, – und das erschien ihnen lächerlich. Zudem brachte die messianische Hoffnung eine gewisse Unruhe ins Volk, die für die Politik nicht gut war: die Sadduzäer waren aber vor allem Politiker. Doch dieser Spott konnte die Sehnsucht im Herzen des Volkes nicht ertöten, denn sie war sein Trost. Wenn sie zum Heiligtum nach Jerusalem wallfahrteten, sangen sie den 126. Psalm:

Wenn der Herr die Gefangenen Zions erlösen wird,
So werden wir sein wie die Träumenden,
Dann wird unser Mund voll Lachens
Und unsere Zunge voll Rühmens sein
Da wird man sagen unter den Heiden:
Der Herr hat Großes an ihnen getan.
Der Herr hat Großes an uns getan,
Deß sind wir fröhlich.
Herr, bringe wieder unsere Gefangenen,
Wie du die Bäche wiederbringst im Mittagslande.
Die mit Tränen säen, werden mit Freuden ernten.
Sie gehn dahin und weinen und tragen edlen Samen
Und kommen wieder mit Freuden und bringen ihre Garben.

Die Pharisäer hingegen teilten die messianischen Hoffnungen des Volkes. Aus der Schrift wollten sie herauslesen, wie und wann der Messias erscheinen sollte. Das war nun freilich schwer, denn nach den alten Propheten war der Messias ein Sproß aus dem Haus Davids, der aus Bethlehem hervorgehen sollte (Micha 5). Nach dem Propheten Daniel war der Messias eine übernatürliche Menschengestalt, welche urplötzlich auf den Wolken des Himmels zum Gericht erscheinen sollte. Wie beides vereinigen? Der Messias sollte doppelt erscheinen, einmal in Verborgenheit auf Erden, dann in Herrlichkeit auf den Wolken des Himmels. Zuerst sollte er unerkannt auf dieser Erde geboren werden, lehren und wirken, in Niedrigkeit sich vor Gott demütigen, durch geduldige Leiden ein vollendeter Gerechter werden, wie ja Jes. 53 von dem Leiden des Knechtes Gottes die Verheißung war. Dann aber, wenn er unerkannt über die Welt gewandelt, sich bewährt und das Volk Israel auf das kommende Reich vorbereitet hätte, sollte er plötzlich als Messias in Herrlichkeit, als »Menschensohn« offenbar werden und zum Gericht kommen auf den Wolken des Himmels. So deuten es die alten Aussprüche der Rabbiner an. Daß die erste Ankunft des Messias in Verborgenheit, Niedrigkeit und Leiden stattfinden sollte, muß man sich immer wieder gegenwärtig halten, um zu verstehen, warum Jesus, obwohl er sich als den Messias wußte, nicht offenkundig vor das Volk getreten ist und gesagt hat: »Ich bin der Messias«, sondern nur den Jüngern, drei Wochen vor seinem Tod, seine Würde als ein Geheimnis mitgeteilt hat.

Bevor aber der Messias offenbar werden sollte, erwartete man die *Wiederkunft des Elias*; diese Verheißung stand in den letzten Versen des *Maleachi* und beschloß die prophetischen Bücher (Mal. 4, 5 und 6). Elias sollte anzeigen, daß die Gerichtsstunde da war. Daraufhin sollten alle Buße tun. Zeichen sollten geschehen und der Geist Gottes sollte ausgegossen werden über die Bußfertigen, wie es (Joel 2, 28–30) verheißen war. Das war das Zeichen, daß die Mittagsstunde des göttlichen Gerichts und die Erscheinung des Messias in Herrlichkeit unmittelbar bevorstand.

So galt es denn den großen Propheten, den wiedergekommenen Elias zu erkennen, um zu wissen, welche Stunde Gottes Uhr zeigte. Das beschäftigte vor allem die Gedanken der Zeitgenossen Jesu, und als Jesus erschien, Buße predigte und Zeichen tat, da raunten sich die Leute zu: er ist der Prophet, er ist der Elias (Mark. 8, 27–28)!

Johannes der Täufer

An die neunzig Jahre waren vergangen, seitdem des Pompejus Legionen den Boden der heiligen Stadt Jerusalem betreten hatten. Man lebte unter dem Regiment des Kaisers Tiberius (14–37 n. Chr.), in Galiläa herrschte Herodes Antipas (4 v. Chr. – 39 n. Chr.) und zu Jerusalem residierte Pontius Pilatus. Nach unserer Zeitrechnung stand man am Ende der zwanziger Jahre des ersten Jahrhunderts. Es war eine traurige Zeit. Wann kommt das Ende und das Gericht? So fragten sich die Frommen Israels unter den sich stets mehrenden Greueln. Wann läßt der Herr das Reich Gottes anbrechen?

Aus dem öden Bergland, das von Jerusalem gegen den Jordan und das Tote Meer abfällt, erscholl Antwort: »*Das Reich Gottes ist nahe herbeigekommen.*« Ein einsiedlerischer Mann rief das Wort über Israel hin und es hallte wider in Jerusalem. Sie zogen in Scharen die steile Straße hinab und lauschten seiner Rede. Den abgehärmten Leib in ein Gewand von Kamelshaaren gehüllt, um die Lenden einen ledernen Gürtel, hagern Antlitzes und flammenden Auges – so stand er unter ihnen und predigte ihnen seine Botschaft.

Sie lautete nicht, wie sie es zu hören gedachten und gerne gehört hätten. Er sagte nicht: »Freut euch, die Zeit bricht an und die Herrlichkeit Israels geht auf. Ihr Abrahamskinder, die ihr den Nacken beugen mußtet und freundlich tun gegen die heidnischen Blutsauger – nun kommt eure Stunde! Eure Peiniger verfallen dem Gericht und ihr geht ein zur Herrlichkeit.« Davon sagte er kein Wort, sondern er redete vom *Gericht über Israel selbst.* Seid ihr fertig? fragte er sie. Habt ihr Buße getan für eure Sünden? Denn nur dann könnt ihr gerettet werden.

Tuet Buße! Es klang anders, als man im Tempel lehrte. Da war keine Rede von Gesetzesübertretungen und wie man sie wieder gut macht, sondern immer wieder kam das Wort Buße für sich allein vor. Er erklärte nicht, was er damit meinte, aber sein flammender Blick warf es ihnen wie eine brennende Fackel ins Herz und es überkam sie, daß sie sündhaft waren. Schriftgelehrte und Pharisäer waren aus Neugier gekommen, um den Wüstenheiligen, der selbst aus priesterlichem Geschlecht war, mit Worten des Gesetzes zu fangen. Aber als er anfing zu reden, wagten sie nicht den Mund aufzutun. Seine Worte schlugen sie zu Boden; sie sanken nieder mit den Geringsten aus dem Volk und bekannten ihre Sünden. Ein dumpfes Murmeln stieg gen Himmel auf aus der Einöde, da der Jordan fließt: Gottes Volk tat Buße.

Johannes führte die Bußfertigen ans Wasser und taufte sie. Kein Prophet hatte getauft. Wohl waren im Gesetz Waschungen vorgeschrieben, im Propheten Jesaia stand zu lesen: »Waschet euch, reinigt euch, tut euer böses Wesen von meinen Augen« (1, 16), und um das Tote Meer wohnten Gemeinden jüdischer Mönche, »Essäer« genannt, die auf heilige, entsühnende Waschungen Wert legten – *aber*

die Taufe Johannis war etwas Neues. Niemand fragte ihn, von wem er den Auftrag hatte, denn sie wußten, daß Gott, der ihm die Stunde des nahen Reiches geoffenbart, ihm auch zu taufen befohlen hatte. So hielten sie dafür, daß die Taufe Johannis vom Himmel sei (Mark. 11, 30). Sie war mehr als ein Sinnbild der Herzensreinheit, in der sie fürderhin wandeln sollten. Durch die Taufe wurden sie als Bußfertige gezeichnet für das kommende Gericht, und Johannes stellte ihnen, kraft seines Auftrags und seiner Vollmacht, einen Freibrief aus, daß sie im Gericht verschont würden und aufgrund ihrer Buße Vergebung hätten.
Fast erfüllte es ihn mit Zorn, daß er durch seine Taufe auch Pharisäer und Sadduzäer in die Zahl der Gerechten aufnahm. Mit ihrer eingebildeten Gelehrsamkeit hatten sie dem Volk die wahre Buße vorenthalten und es in falsche Sicherheit gewiegt mit ihren Reden über die Vorrechte der Nachkommen Abrahams. Dafür mußten sie es nun hören, als sie als Täuflinge demütig vor ihm standen: »Ihr Otterngezüchte, wer hat euch gewiesen dem kommenden Zorn zu entgehen?« (Matth. 3, 7)
Über sich selbst, für wen er sich hielt, sprach er kein Wort. Wir stehen vor einem großen, unlösbaren Rätsel. Er wies auf einen hin, der nach ihm kommen sollte und größer wäre als er. Wen meinte er mit diesen Worten? Den Messias? Warum sprach er aber dann das Wort nicht aus, sondern hielt sich in dunklen Andeutungen? – Oder redete er von dem gewaltigen Vorläufer, dem Elias, der mit Wundermacht kommen sollte vor dem Gericht, in der Zeit, da Gott den Geist ausgießen wollte über alles Fleisch, wie es in den beiden letzten Versen des Buches Maleachi und im dritten Kapitel des Propheten Joel verheißen war? Nach diesem schaute man ja damals aus. Wollte Johannes also sagen:

Ich taufe euch mit Wasser, aber wenn jener kommen wird, dann werdet ihr, die ihr von mir getauft seid, von ihm den heiligen Geist empfangen! So sind uns seine Worte erhalten, aber wir vermögen sie nicht sicher zu deuten.

Soviel ist gewiß: Dem Volk galt der Täufer nicht als der geweissagte Elias. Es verehrte ihn mit ehrerbietiger Scheu, aber er konnte für es nicht der Elias sein, weil in der Zeit, da er lebte, keine Zeichen geschahen und er selbst sich nicht als den Elias kundgab. So hielt es ihn für einen wahrhaftigen Propheten (Mark. 11, 32). Selbst für die Jünger Jesu war er nicht mehr. Beim Abstieg von dem Verklärungsberg, als Jesus ihnen vom kommenden Reich und von der Totenauferstehung redete, fielen sie ihm ins Wort und fragten ihn: »Wie kann denn das alles geschehen? Sagen doch die Schriftgelehrten, daß Elias muß zuvor kommen!« (Mark. 9, 10, 11). Da mußte Jesus sie belehren, daß Johannes der Täufer, der kürzlich im Gefängnis zu Tode gebracht worden, der Elias, der Vorläufer gewesen war (Mark. 9, 13), denn das war für sie neu!

Noch größer wird das Dunkel, wenn man fragt: Wie stand der Täufer zu Jesus? Haben sie jemals ein Wort miteinander gewechselt? Nur einmal sahen sie sich von Angesicht zu Angesicht. Das war, als Jesus an den Jordan kam, sich von Johannes taufen zu lassen. Dann schieden sich ihre Wege – sie sahen sich nie wieder. Was war Jesus für Johannes? Erkannte er in ihm den Messias? Wurde er dann irre an ihm, als er nicht tat, wie man vom Messias erwartete, sondern Liebe predigte? Hat Johannes in dem Verlies der Feste Machärus mit dem Dämon des Zweifels gerungen, ehe er seine letzten Jünger aussandte, zu fragen: Bist du der da kommen soll? – Die Trümmer der Feste erzählen nichts mehr. Oder hatte er vorher nichts geahnt und fühlte nun freudige Hoffnung im Herzen, da er von den Wundern und Zeichen Jesu hörte, also daß er freudig zu ihm sandte, um Gewißheit für seine Hoffnung zu haben? Hielt er, wie das Volk, Jesum ob seiner Zeichen für den Elias? Auch hier weiß niemand eine gewisse Antwort. Wir können nicht einmal sagen, ob ihn die Botschaft, die Jesus an ihn sandte, noch erreichte. Vielleicht blickte er sehnsuchtsvoll durch die Gitter seines Gefängnisses nach seinen Gefährten aus, ob sie nicht bald mit Antwort kämen, als der Henker mit dem Blutbefehl hereintrat.

Man empfand es in der alten Zeit schwer, nicht mehr über das Verhältnis des Täufers zu Jesu zu wissen. Darum legten die jüngeren Evangelien, Lukas und Johannes, Wert darauf, ein mehreres über die Beziehungen beider Männer zu erkunden und zu erzählen. Das Evangelium des Lukas berichtet in der Jugendgeschichte des Täufers, daß seine Mutter eine Freundin der Mutter Jesu war. Nach dem Evangelisten Johannes wies der Täufer die Umstehenden auf Jesum hin mit den Worten: Siehe, das ist Gottes Lamm, welches der Welt Sünde trägt, so daß seine Jünger Jesu nachfolgten. Derselbe Evangelist berichtet in den letzten Versen seines dritten Kapitels, daß Jesus und Johannes nebeneinander wirkten. Jesus hatte den größeren Zulauf. Johannis Jünger wollten sich darüber aufhalten. Der Täufer aber wies sie darauf hin, daß dem also sein müßte, indem er sprach: »Er muß wachsen, ich aber muß abnehmen.«

So groß ist das Dunkel um die Person des Täufers, daß wir nicht einmal wissen, wie lange er gewirkt hat. Waren es Wochen? Waren es Monate? Wie kam es, daß das Volk ihn nicht schützte, als die Häscher kamen? Verließen ihn seine Anhänger feige, oder gebot er ihnen, nicht zu widerstehen? Die Schergen schleppten ihn auf die Bergfeste Machärus im Osten des Toten Meeres. Eine freimütige Äußerung war der Grund der Verhaftung. Herodes hatte seine Frau verstoßen und seines Bruders Weib geheiratet. Darob hatte ihn der Täufer vor dem Volk getadelt. Der König gedachte ihn nun unschädlich zu machen. Auch hatte er, wie der Geschichtsschreiber Josephus berichtet, Angst, daß er durch seine flammende Predigt vom Reiche Gottes unter dem Volk Unruhe und gar gefährlichen Aufstand erregte. Darum hatten die rachgierigen Weiber leichtes Spiel mit ihm: am Schluß eines üppigen Mahles brachten sie ihn dazu, daß er den Henker entsandte. Aber mit seiner Ruhe war es seitdem vorbei. Das Gewissen schlug ihm. In seinem Palast erzitterte er bei der Kunde von Jesu Zeichen und Erfolgen, denn er wähnte, der Enthauptete sei in Jesus wieder lebendig geworden. »Johannes der Täufer ist von den Toten auferstanden, darum tut er solche Taten«, sprach er (Mark. 6, 14).

So wenig Genaues wir über den Täufer wissen, eines ist sicher: er war ein gewaltiger Mensch. Jesus hat ihm einen herrlichen Denkstein gesetzt mit den Worten: »Er ist mehr denn ein Prophet. Unter allen denen, die von Weibern geboren sind, ist nicht aufgekommen, der größer sei denn Johannes« (Matth. 11, 9. 11). Auch darf man nicht sagen, daß sein Wirken vergebens war, obwohl es jäh unterbrochen wurde. Zwar gab es Leute, die meinten von ihm »Er hat den Teufel« (Matth. 11, 18), und für die hohepriesterliche Partei und die Sadduzäer in Jerusalem war die Taufe, die er predigte, nur »von Menschen« (Mark. 11, 30). Aber sie durften es nicht laut sagen, denn das Volk wäre über sie hergefallen. Es hatte ihn nicht vergessen, und die Hoffnung und der Ernst, den er in ihnen geweckt, waren nicht erstorben. *Jesus erntete, was der Täufer gesät hatte.* Der Jubel und der Erfolg, die ihn umgaben, sobald er den Fuß auf jüdischen Boden setzte, und die ihn in Jerusalem dem hohen Rat so gefährlich machten, erklären sich nur daraus, *daß die ganze Anhängerschaft des Täufers ihm zufiel. Auch ist es nicht zufällig, daß die erste christliche Gemeinde gerade in Jerusalem entstand:* Die Saat Jesu ging auf, als sie auf den Boden fiel, den Johannes der Täufer gepflügt hatte. Als ehemalige Anhänger des Täufers hielten jene ersten Christen auch an der heiligen Handlung der Taufe fest, obwohl Jesus selbst bei seiner Wirksamkeit nicht getauft hatte. *So ist diese heilige Handlung in die christliche Kirche übergegangen, als ein unvergängliches Wahrzeichen dafür, daß Johannes der Täufer »der Anfang des Evangeliums ist«, wie der Evangelist in den ersten Versen seines Evangeliums von ihm sagt.*

Jesu Taufe und Versuchung

»Und es geschah in jenen Tagen, daß Jesus aus Nazareth in Galiläa kam und von Johannes im Jordan getauft wurde«; dieser 9. Vers aus dem 1. Kapitel des Ev. Markus ist die erste sichere geschichtliche Nachricht über Jesus. Mit jener Wanderung von Nazareth nach der Jordangegend, wo Johannes predigte, tritt er aus dem Dunkel in das Licht.
Wir wissen nicht, mit welchen Gedanken er jene Wanderung antrat. War ihm schon offenbar, daß Gott ihn zum Heiland erkoren? Nach der Erzählung von der Taufe scheint es, als habe er in jenem Augenblick seine bestimm-

te Berufung zum Messias erfahren. »Als er nämlich«, so berichtet Markus, der älteste Evangelist, »aus dem Wasser emporstieg, sah er alsbald den Himmel sich auftun und den heiligen Geist als eine Taube auf ihn herniederfahren. Und es geschah eine Stimme aus dem Himmel: Du bist mein lieber Sohn, an dem ich Wohlgefallen habe.« (Mark. 3, 10 u. 11)

Es handelt sich nicht um einen äußeren Vorgang, sondern um ein Gesicht Jesu, um ein inneres unbeschreibliches Erlebnis. Wohl keiner der Umstehenden, auch der Täufer nicht, hat geahnt, was in dem Unbekannten aus Galiläa vorging, während er aus dem Fluß zum Ufer emporstieg. Jesus sprach mit keinem von ihnen, sondern er zog sich gleich in die Einsamkeit zurück. Später hat er den Vertrautesten der Jünger von jener Offenbarung bei der Taufe erzählt und so ist, was er damals für sich allein innerlich erlebt, später bekannt und unter den Gläubigen weitererzählt worden.

Bei diesem Weitererzählen wurde nun aus dem inneren Erlebnis mehr und mehr ein äußeres Ereignis. In dieser etwas versinnlichten Form wird die Taufgeschichte uns von den späteren Evangelisten berichtet. *Matthäus* stellt sie am Ende seines 3. Kapitels so dar, als hätte nicht Jesus allein alles geschaut und erlebt, sondern als hätte sich der Himmel wirklich geöffnet, als wäre der heilige Geist in Taubengestalt wirklich vor den Augen der Beistehenden auf Jesum herabgekommen und als hätte das ganze Volk, nicht Jesus allein, die himmlische Stimme gehört. Darum heißt es bei Matthäus auch: »*Dieser* ist mein lieber Sohn« statt »*Du* bist mein lieber Sohn«, wie Markus berichtet. Aus der inneren Offenbarung ist also gewissermaßen ein Wunder geworden, wodurch Gott Jesum dem Täufer und dem ganzen Volk als seinen Erwählten kenntlich macht. Ja, nach Matthäus kennt der Täufer Jesum schon, als er zur Taufe kommt und will ihm wehren, sich taufen zu lassen. Aber Jesus weist ihn zurecht: da er alle Gerechtigkeit erfüllen müsse, gezieme es sich auch, daß er sich taufen lasse.

Der Bericht des *Evangelisten Lukas* (3, 21 u. 22) gleicht dem des Matthäus. Hingegen erzählt der *Evangelist Johannes* die Taufe Jesu in einer ganz besonderen Weise. Er berichtet nichts von der Stimme, die zu Jesus geschah, sondern nur von dem Geist, der auf ihn herabfuhr als eine Taube. Das sollte, erzählt dieser Evangelist, nach Gottes Verheißung für den Täufer ein Zeichen sein, durch das ihm – und nur ihm allein, nicht dem Volk – der außerwählte Heiland kenntlich gemacht wurde. So zeugt er nun nach der Taufe über Jesum und spricht: »Ich kannte ihn nicht; aber der mich sandte zu taufen mit Wasser, derselbige sprach zu mir: Über welchen du wirst sehen den Geist herabfahren und auf ihm bleiben, derselbige ist es, der mit dem heiligen Geist taufet. Und ich sah es und zeugte, daß dieser ist Gottes Sohn.« (Joh. 1, 33 u. 34.)

Es bestehen also Verschiedenheiten in unseren Berichten: Nach Markus handelt es sich bei der Taufe Jesu um ein inneres Erlebnis für Jesum; nach Matthäus und Lukas um ein Wunder, durch welches er dem ganzen Volke als Messias kund wird; nach Johannes um ein Zeichen Gottes für den Täufer.

Das ist einmal ein Beispiel von den Verschiedenheiten, denen man im Neuen Testament öfters begegnet, wenn man ein und dieselbe Geschichte bei allen vier Evangelisten nachliest. Jedem aufmerksamen Bibelleser, er braucht dafür nicht ein Gelehrter zu sein, ist wohl in dieser Hinsicht schon das eine oder das andere aufgefallen. Die Wahrhaftigkeit erlaubt nicht, solche Abweichungen künstlich zu verdrehen. Ein gesundes, christliches Gemüt wird daran auch keinen Anstoß nehmen, denn diese Abweichungen erklären sich, wie der vorliegende Fall zeigt, daraus, daß den andern Evangelisten das, was sie erzählen, nicht immer so klar vor Augen steht wie unserm ältesten Evangelisten Markus. Das alles gilt aber nur für den Fall, wo man die Bibel zur Hand nimmt, um sich einmal ein klares Bild von der Geschichte Jesu zu machen. Hingegen wäre es falsch, in den Stunden, wo man die Bibel zur Erbauung liest, oder sie in der Kirche auslegt, solche Abweichungen in Betracht zu ziehen, denn sie betreffen ja nur den äußeren Hergang, nicht den tiefen Sinn dessen, was die Schrift den Menschenherzen bietet.

Die Geschichte der Taufe Jesu hat zu Zeiten in der alten Kirche eine große Rolle gespielt. Als man nämlich darauf ausging, Jesu Persönlichkeit zu erklären, stieg notwendig die Frage auf: Von welchem Augenblick seines irdischen Daseins an war er denn und fühlte er sich als der Heiland? Darauf antworteten manche: Von dem Augenblick der Taufe an. Die Taufe, so sagten sie, war die *Geburtsstunde des Sohnes Gottes in dem Menschen Jesus.* So gab es eine Richtung unter den älteren Judenchristen, welche die übernatürliche Geburt Jesu nicht anerkannten. Sie waren der Ansicht, daß Jesus ein natürlich geborener Mensch gewesen sei, den dann Gott *erst bei der Taufe* zu seinem Sohn erkoren und mit seinem Geist gesalbt habe. Andere meinten, Gott habe Jesum durch die wunderbare Geburt von jeher zu seinem Sohne bestimmt, aber Jesus habe sich durch einen reinen und heiligen Wandel erst bewähren müssen, bis Gott seinen Geist auf ihn sandte bei der Taufe. Dieser

Geist habe dann Jesu Person durchdrungen, sei mit ihm eins geworden und habe ihn bis zur Vollendung verklärt. Nach dieser Anschauung hat also Gott durch die Geistesmitteilung bei der Taufe Jesum *als seinen Sohn adoptiert.* Auch die *Irrlehrer* benutzten die Erzählung der Taufe Jesu. Gegen die Mitte des 2. Jahrhunderts entstand in der Kirche unter der Führung von zum Teil ganz hervorragend beanlagten Männern eine Bewegung, welche eine höhere Erkenntnis des Christentums zu bieten behauptete. Man nannte sie Gnostiker, nach dem griechischen Wort »Gnosis«, das »Erkenntnis« bedeutet. Eine Richtung dieser Gnostiker führte nun aus, daß in der Taufe Jesu der himmlische Christus, der von Anfang an bei Gott war, sich mit dem heiligen Menschen Jesus von Nazareth verbunden habe und so die Erlösung der Welt bewirkt habe.

Wir haben gelernt, uns zu bescheiden. Was die Taufe innerlich für Jesu Werden bedeutete, das wußte nur einer: *er selbst.* Wir aber können nur mutmaßen und ahnen. Es scheint allerdings, daß ihm in der Taufe seine *Berufung* zuteil wurde, *denn von da an begann seine öffentliche Wirksamkeit.* Die ältesten Apostel Petrus und Paulus beschäftigten sich aber nicht mit dem Geheimnis des Erlebnisses Jesu bei seiner Taufe, sondern für sie ist Jesus der Heiland erst durch seinen Erlösungstod geworden. Weil er gehorsam für die Welt gestorben, darum hat ihn Gott als Heiland und als seinen Sohn in die Herrlichkeit erhoben. Daher sagt Petrus in der Pfingstrede: »So wisse nun das ganze Haus Israel gewiß, daß Gott diesen Jesum, den ihr gekreuzigt habt, zu einem Herrn und Christ gemacht hat.« (Apostelgesch. 2, 36.)

Dieser apostolische Gedanke läßt uns ahnen, welcher Art die Offenbarung Gottes an unsern Herrn in der Taufe

war. Er entdeckte ihm, daß er ihn zu seinem Sohn und zum Heiland der Welt bestimmt habe, aber zugleich offenbarte er ihm, daß er sich diese hohe Würde durch Wirken und Leiden erwerben müsse. An die Stelle des leuchtenden und sieghaften Messiasbildes der Zeitgenossen, trat für Jesus das Bild des Heilandes, *der er erst wird in der Erniedrigung und im Leiden.* Darum folgt auf die Offenbarung der Kampf mit sich selbst, ob er auch willig sei, den schweren Weg zu gehen. Alsbald nach der Taufe zieht er sich in die Wüste zurück. (Markus 1, 12.) Dort hat er Tage lang und Nächte lang mit sich gerungen, bis er mit sich selbst fertig war und den letzten Rest von Welt- und Eigenliebe in sich ertötet hatte. Was er dort erlebt, das hat er den Jüngern später in Gleichnissen erzählt. So entstanden die ausgemalten Schilderungen der Versuchung Jesu, Matth. 4 und Luk. 4, wo der Teufel ihm zumutet, aus Steinen Brot zu machen, Gott zu versuchen, indem er sich von der Zinne des Tempels stürzt, und vor ihm, dem Bösen, niederzufallen, um die Herrschaft über die Welt zu bekommen.
Als aber Jesus in diesem Ringen mit sich selbst gesiegt hatte, war er fertig, sein Werk zu beginnen. Darum zog er an den See Genezareth.

Der See Genezareth

»Der See Genezareth liegt in Nordpalästina, 200 m unter dem Spiegel des Mittelländischen Meeres, 200 m über dem des Toten Meeres. Er wird vom Jordan durchflossen, der im Norden einmündet und im Süden austritt. Die Ufer des

Sees sind verödet, doch finden sich zahlreiche Spuren ehemaliger Besiedelung aus der Zeit der griechisch-römischen Kultur.« – Das wäre alles, was man über den See Genezareth sagen würde – ja die meisten Menschen würden nicht einmal wissen, daß es einen solchen See gibt –, wenn nicht das Wort »See Genezareth« so innig verschlungen wäre mit dem Namen »Jesus«. So aber kennt jeder Mensch, jedes Kind auf der weiten Welt, das von Jesus weiß, auch den See Genezareth. Dem Europäerkind wie dem Kaffernkind, dem Kind der Prärie wie dem Kind von Indiens heißem Strand – allen ist der »See Genezareth« etwas Vertrautes. Das Wort bedeutet für sie, und nicht weniger für die Erwachsenen, das Herrlichste, was man sich als Landschaft denken kann.

Was wir träumend ersinnen, ohne es je gesehen zu haben, das gab es einmal wirklich. Es lag vor Jesu Augen ausgebreitet, als er zur Frühjahrszeit, nach der Gefangennahme des Täufers, aus Judäa kommend vom Süden her den See entlangwanderte, um nach Kapernaum zu gelangen. Zur Rechten lagen die Berge des Ostufers und bildeten den reizvoll zerklüfteten Hintergrund des Sees. Weiße Segel belebten die Wasserfläche. Vor ihm breitete sich das Land aus wie ein Garten. Auf den Hügeln, die zur Bucht abfielen, standen Olivenbäume und in der Strandebene sproßte die Saat. Üppig violette Blumen leuchteten auf den Bergabhängen. Blendend weiß hoben sich die Ortschaften und Häuser von dem Grün ab. Im Hintergrund erglänzte über den Gebirgshöhen der schneeige Rücken des Hermon. Auf den Straßen zogen die Karawanen, vom Felde hörte man den Sang der Landleute, der Strand war belebt von Fischern – inmitten dieses Treibens wanderte der Herr nach Kapernaum. –

Heute ist alle diese Herrlichkeit vergangen und versunken. Der Strand liegt öde und unbebaut. Die Bäume sind verschwunden. Kein Segel zieht auf dem See einher. Verschwunden ist die Straße, verschwunden die Städte und die Flecken. Der Fluch Jesu über Chorazin und Kapernaum hat sich erfüllt. Ihre Trümmer bedecken die Erde. Sogar die Luft ist anders geworden. Im Altertum war sie mild und lau. Jetzt aber, weil die Bäume fehlen, ist sie sengend schwer und schwül, als trüge sie die Last des Fluches. Geblieben ist nur der See mit seinen plätschernden Wogen, geblieben die Berge, die vom Ostufer durch klare Luft herüberschimmern, geblieben der ragende Hermon in der Ferne, geblieben die üppigen Blumen. Sie, die vom Herrn gepriesenen Blumen des Feldes, decken mit ihrer Pracht die Trümmer der Städte, die er verfluchte.
Der erste Ort, dem man von Süden her am See hinziehend begegnet, ist *Tiberias*. Man braucht zwei Stunden zu Pferde vom Ausfluß des Jordan an. Die Berge treten fast bis an den See heran und lassen nur einen schmalen Streifen ebenen Landes. Tiberias wurde im Jahre 16–22 n. Chr. Geburt von Herodes Antipas, der den Täufer hinrichten ließ, erbaut. Den Namen erhielt die Stadt zu Ehren des Kaisers Tiberius. Auf der Höhe baute sich Herodes ein festes Schloß, dessen vergoldetes Dach weithin über den See erglänzte. Diese Prunkstadt, die in Zeit von acht Jahren aus der Erde erstieg, war über einem alten Gräberfeld gebaut. Deshalb galt sie den Juden als unrein, und Herodes, um sie zu bevölkern, siedelte allerlei Gesindel darin an. Als Jesus, am Ende der zwanziger Jahre auf dem Wege nach Kapernaum, durch Tiberias zog, war die Stadt noch ganz neu. Er hielt sich nicht darin auf. Nur einen Blick warf er hinauf nach der stolzen Burg des Gewaltherrn, der den Täufer gefan-

gen gesetzt hatte. Dann zog er weiter. Es war die erste Stadt am See Genezareth, die er verfluchte, nicht mit flammenden Worten, sondern durch die Tat: er kam nie nach Tiberias, dort zu predigen. Wievielmal Tiberias verwüstet und verbrannt wurde, läßt sich nicht sagen. Immer wieder haben die Menschen versucht, sich dort anzusiedeln. 1837 wurde die Stadt durch ein Erdbeben zerstört. In den geborstenen Trümmern hausen etwa dreitausend aus Polen und Portugal zurückgewanderte Israeliten und fristen, von Europa aus unterstützt, ein kümmerliches Dasein.
Am Strande liegen zwei oder drei elende Kähne. Wer den See befahren will, muß sich mit den schmutzigen Arabern, denen sie gehören, herumzanken, ob er von dem überhohen Preis etwas abfeilschen kann.
Von Tiberias gelangt man in etwa einer Stunde nach *Magdala*. Die alte Straße hielt sich mehr auf der Höhe, die von den wilden Felsklüften Arbelas überragt wird. Einige armselige Hütten – noch heute »el Megdel« genannt – stehen an der Stätte, wo Maria von Magdala, die treue Anhängerin Jesu, zu Hause war.
Bei Magdala tritt das Gebirge vom Strand zurück und nun tut sich bis nach Kapernaum im Norden, wo die Berge wieder an den See herantreten, die eigentliche *Ebene Genezareth* sichelförmig auf. Was hier zur Zeit Jesu für ein Paradies gewesen sein muß, erfahren wir von dem jüdischen Schriftsteller Josephus, der das Land noch gesehen hat, ehe die Greuel des jüdischen Krieges, in welchem Jerusalem anno 70 zerstört wurde, die langsame Verödung einleiteten. »Die Gewächse des Südens und des Nordens gedeihen hier nebeneinander«, schreibt er. »Die Fruchtbarkeit der Gegend schließt kein Gewächs aus und rings ist alles von den Bewohnern üppig bepflanzt. Zehn Monate lang spen-

det das Land ununterbrochen die herrlichsten Trauben und Feigen; die übrigen Früchte halten sich das ganze Jahr hindurch.«

Wirklich hat die Natur hier alles geboten, um ein fruchtbares Land zu schaffen. Die 200 m tief unter dem Spiegel des mittelländischen Meeres liegende Ebene ist durch Berge ringsum gegen rauhe Winde geschützt. Die vom Gebirge kommenden Bäche berieseln sie, der See sorgt für die Feuchtigkeit der Luft und das Erdreich selbst, zersetzter Basalt, ist der fruchtbarste Boden, den man sich denken kann.

Hier in diesem kleinen Paradies – die Ebene zählt vielleicht anderthalb Stunden in die Länge und dreiviertel Stunden in die Breite – wirkte und predigte Jesus. Er wohnte in *Kapernaum*. Der Name bedeutet: Dorf des Nahum. Schon seit ältester Zeit waren dort Ansiedelungen. Weltabgelegen war dieser Ort nicht, denn die zwei wichtigsten Straßen von ganz Palästina und Syrien trafen in Kapernaum zusammen. Die eine führte von Jerusalem nach Damaskus, die andere kam von Ägypten, lief am mittelländischen Meer entlang bis an den Karmel, ging dann durch die Ebene Jesreel und führte, nicht weit von Nazareth, über das Gebirge nach der Ebene Genezareth. Von Kapernaum aus begann dann wieder der Aufstieg nach dem Gebirge; weiter nördlich ging es über den Jordan nach Damaskus und von dort nach Mesopotamien. Aller Verkehr von Jerusalem nach Damaskus, von Ägypten nach Mesopotamien, von den Hafenstädten nach dem inneren Syrien ging also über Kapernaum. Dieser Ort war Fischerdorf und zugleich Karawanenstadt. Neben die alte Bevölkerung war eine neue getreten, wie sie eben der Handel und der Verdienst an diesem wichtigen Verkehrspunkt zusammenführte: Kaufleute, Beamte, Zöllner, Kriegsleute und allerlei hergelaufenes Volk. Die ehrsame Fischerbevölkerung hielt mit ihnen keine Gemeinschaft.

Etwas höher, vom See weg, rechts von der Straße, die nach der Höhe führte, lag *Chorazin*. Wie Kapernaum ist auch Chorazin ein Trümmerfeld. Chorazin heißt heute »Bir-Kerazeh«; den Ort, wo Kapernaum stand, nennt man »Tell-Hum«. Geborstene Säulen ragen übereinander geschichtet aus der üppigen Pflanzenwildnis hervor. In der Ebene haben sich Sümpfe gebildet, da die Wasser der Bäche vom Gebirge gegen den See zu keinen Abfluß haben. Eine Straße gibt es nicht mehr durch diese Wildnis. Hohe Stauden erzählen noch heute das Gleichnis vom Senfkorn, und die Vögel des Himmels wohnen darunter wie zur Zeit Jesu.

In dieser jetzigen Wüstenei war einst die ganze Welt auf einen kleinen Platz zusammengedrängt: Fischer, Landleute, Kaufleute, Zöllner, Kriegsknechte. Von fern erglänzte die Zinne des Fürstenschlosses zu Tiberias, wo die wohnten, die in weichen Kleidern einhergingen. Nun ist alles verschwunden. Der Strom der Welt flutet nicht mehr über diese Ebene dahin. Sie liegt abseits von der Kultur. Wandernde Beduinen zelten am See. Ihnen gehörte dieser Fleck Erde, ehe die Geschichte davon Besitz nahm. Nun ist er ihnen zurückgegeben worden. Wie zur Zeit der Erzväter kommen sie wieder auf ihren Kamelen, treiben ihre blökenden Herden vor sich hin und rasten am Ufer des Sees. Und wenn die ragenden Trümmerhaufen nicht wären, wüßte man nicht, daß seit jener alten Zeit etwas anderes hier gewesen als wandernde Hirten und blökende Herden, und man ahnte nicht, daß hier das größte Stück Weltgeschichte seit dem Bestehen der Erde spielte. Als hätte sie zuviel hervorgebracht, ruht nun die Ebene Genezareth in greisenhafter Kindheit.

Die Mücken und Libellen summen über dem heißen Gestein, die trägen Lüfte tragen balsamische Blumendüfte über das Wasser und die Wellen schlagen gegen das weiße Gestade. Manchmal, wenn die Nacht kommt, entfesselt ein Sturm, der aus den zerklüfteten Bergen des jenseitigen Ufers herniederfährt, die Wogen. Sie bäumen sich wild auf, als wollten sie die Fesseln der Totenruhe brechen – und wenn der Morgen kommt, liegt der See wieder still und friedvoll da, als träumte er von der Zeit, da er mit seinem Geplätscher die Stimme des Herrn vom Schifflein aus begleitete.

Der erste Sabbat in Kapernaum

Unsere Evangelien sind keine geordnete Lebensbeschreibung unseres Herrn. Dazu ist ihre Darstellung viel zu sprunghaft und abgerissen. Sie schildern nur seine öffentliche Wirksamkeit. Und da noch geben sie uns keine Antwort auf gar viele Fragen. Wie lange hat diese Wirksamkeit gedauert? Etliche Monate? Ein Jahr? Drei Jahre? In welcher Ordnung fanden die verschiedenen Züge durch Galiläa statt? Wie folgten die Ereignisse aufeinander?
Hingegen heben sich auf dieser allgemeinen Schilderung einzelne Tage und Wochen klar ab, wie ausgeführte Gemälde, als hätte man den Bericht eines der Dabeigewesenen vor sich. Derart ist die Schilderung des ersten Sabbats Jesu in Kapernaum, derart auch die Darstellung der letzten Tage in Jerusalem. Hier ist es besonders der Evangelist Markus, der sich durch diese Anschaulichkeit der Schilde-

rung einzelner Szenen auszeichnet. Das rührt daher, daß sein Bericht, nach der ältesten Kunde, die wir von der Entstehung dieses Evangeliums haben, auf den Apostel Petrus als Gewährsmann zurückgeht. Papias nämlich, der Bischof von Hierapolis, der um die Mitte des 2. Jahrhunderts lebte und auf seinen Reisen mit Fleiß darauf ausging, die ältesten Nachrichten über die mündlich überlieferten Worte des Herrn und die Entstehung der geschriebenen Evangelien zu sammeln, weiß zu berichten, daß der Evangelist Markus der Begleiter des Apostels Petrus gewesen sei. Von diesem hätte er vieles über das Leben Jesu erzählen hören und habe sich dann entschlossen – wohl nach Petri Tod – alles, so gut er sich dessen erinnerte, aufzuzeichnen. So sei das Evangelium des Markus entstanden.

Wer also das Leben Jesu beschreiben will, muß sich an dieses Evangelium halten. Gerade seine Einfachheit und Schmucklosigkeit, wodurch es neben den andern einen unscheinbaren, ja fast ärmlichen Eindruck macht, sind die Gewähr, daß es uns die älteste und zuverlässigste Kunde vom Leben unseres Herrn erhalten hat.

Diesen Eindruck erweckt das Evangelium schon gleich durch die Art, wie es im ersten Kapitel, Vers 16–35, den ersten Sabbat Jesu in Kapernaum schildert. Zwei Brüderpaare aus diesem Ort hatten sich ihm angeschlossen: Simon und Andreas, und Jakobus und Johannes, die Söhne des Zebedäus. Sie gehörten nicht zu den Ärmsten: Simon Petrus besaß ein Haus in Kapernaum und Zebedäus hielt Tagelöhner, die ihm bei seinem Gewerbe halfen.

Es war am Tage vor dem Sabbat, da trat Jesus auf sie zu und gebot ihnen einen frühen Feierabend. »Folget mir nach, ich will euch zu Menschenfischern machen.« Kannten sie Jesum schon von früher? Waren sie ihm vielleicht begegnet im Gefolge des Täufers? Oder war es sein machtvoller Blick allein, der sie zwang, ihm zu folgen? Genug, sie verstanden ihn, machten Feierabend und gingen mit ihm in das Städtchen. Petrus beherbergte ihn.

Am Morgen des Sabbattages gingen sie mit ihm in die Synagoge. Es war wohl die Synagoge, deren Grundmauern noch heute stehen. Sie lag auf einer Anhöhe nach Süden, gegen den See zu, war 35 Schritte lang und 25 breit und hatte drei Eingänge auf der Südseite.

Die Synagogen bestanden im Lande erst seit der babylonischen Gefangenschaft. Als nämlich Esra und Nehemia dem Volk das Gesetz brachten und es verpflichteten, nach demselben künftiglich zu leben, da stellte sich die Notwendigkeit heraus, daß das Volk im Gesetz unterwiesen wurde. So entstanden die Synagogen. Während im Tempel zu Jerusalem der Opfergottesdienst mit allem Pomp gefeiert wurde, versammelten sich die Frommen am Sabbatmorgen allenthalben im Land in schlichten Sälen und hörten das Gesetz. Das war ihr Gottesdienst. Man begann mit dem Hersagen des israelitischen Glaubensbekenntnisses, das anhebt mit dem 4. Vers des 6. Kapitels im 5. Buch Mosis: »Höre Israel, der Herr unser Gott ist ein einiger Herr. Und du sollst den Herrn deinen Gott lieb haben von ganzem Herzen, von ganzer Seele und von allem Vermögen« u.s.w. Dann, nach einem langen Gebet, kam die Verlesung des Gesetzes an die Reihe. Die fünf Bücher Mosis waren in 154 Abschnitte geteilt. An jedem Sabbat wurde einer verlesen, so daß im Verlauf je dreier Jahre jedesmal das ganze Gesetz vorgetragen wurde. Zum Schluß wurde eine Stelle aus den Propheten verlesen. Jeder Anwesende, der das alte Hebräisch verstand – man sprach damals im Lande aramäisch –, durfte die Schriftrolle verlangen, einen

Abschnitt vorlesen und eine Betrachtung daran knüpfen. Es galt dies als eine große Ehre. Die Schriftgelehrten benutzten diese Gelegenheit, ihre Kenntnis des Gesetzes leuchten zu lassen. War ein fremder Rabbi in der Versammlung, so erwartete man, daß er sich zur Vorlesung und zur Belehrung melde und denen Ehre machte, die ihn beherbergten.

So schaute man, als der Augenblick gekommen war, auf den Rabbi aus Nazareth, der bei Petrus zu Gaste war. Er trat vor, las und redete. Was las er? Was redete er? Wir wissen es nicht. Aber es war keine Schriftgelehrsamkeit. Er verbreitete sich nicht über die besonderen Feinheiten in der Haltung des Sabbats oder in der Lieferung des Zehnten, sondern er redete einfach und schlicht. Das war man nicht gewohnt. Er sprach von dem wahren Reiche Gottes, von dem Glauben an diese Botschaft, von der Sünde und von der Buße. Das ergriff sie. »Er redet gewaltiglich wie einer, der Vollmacht hat, und nicht wie die Schriftgelehrten«, sprachen sie untereinander. Von sich selbst redete er nicht.

Da geschah aus der Versammlung heraus ein Schrei. »Was haben wir mit dir zu schaffen, Jesus von Nazareth? Du bist gekommen, uns zu verderben. Wir wissen wer du bist: der Heilige Gottes.« Ein Besessener hatte es gerufen. Was ein Besessener war, ist schwer zu sagen, denn alles Böse, alle Krankheiten und alle geistige Zerrüttung wurde auf die Dämonen zurückgeführt. Sie hausten, so glaubte man, in der Luft und ersähen sich die Menschen zu Wohnstätten aus, um sie zu quälen. Dieses schreckhafte Walten der Dämonen stand den Menschen damals so fest, wie daß die Erde von der Sonne umkreist werde. War einer gelähmt, so sagte man: der Dämon hält seine Glieder gefangen. War einer trübsinnig, so sagte man: der Dämon hat seinen Geist umnachtet. Hatte er die fallende Krankheit, so hieß es: der Dämon reißt ihn herum. Schrie einer im Wahnsinn, so sagte man: der Dämon redet aus ihm. An Heilmittel dachte niemand. Man überließ die Irrsinnigen ihrem Schicksal. Sie hausten in den Einöden. Von dort drang ihr Heulen und Schreien zu den menschlichen Wohnstätten herüber. Wen sein Weg durch jene Gegend führte, der machte einen großen Bogen, um ihnen nicht zu begegnen. Die gefährlichsten unter ihnen band man mit Stricken und Ketten. Das war das trostlose Elend der Umnachteten damals – und es gab ihrer gar viele. Am trostlosesten war dabei noch das, daß diese Unglücklichen selbst daran glaubten, die Dämonen hätten in ihnen ihren Wohnsitz aufgeschlagen.

Der Mann in der Synagoge zu Kapernaum litt an der fallenden Krankheit. Die Ergriffenheit bei der gewaltigen Rede Jesu hatte einen Anfall in ihm hervorgerufen. In der Nacht seines Geistes strahlte die göttliche Hoheit Jesu heller wider, als bei den anderen. Er wußte, daß dieser mehr war als ein Rabbi, daß er mit der Kraft Gottes ausgerüstet sei. Darum tat er jenen Schrei. Der unreine Geist erkannte in Jesu den Heiligen Gottes.

Jesus, der mit seinen Zeitgenossen die Vorstellung teilte, daß Dämonen in jenen Unglücklichen hausten, bedrohte den Geist und gebot ihm zu schweigen und auszufahren. Der gerufen hatte, verfiel in Krämpfe. Jesus faßte ihn nicht an. Erstaunt und ergriffen von diesem Schrei, der als Antwort auf seine Predigt ihm aus gequältem und umnachtetem Menschenherzen entgegenhallte, blickte er ihn an mit hoheitsvollem Mitleid. Als die Zuckungen aufhörten und der Besessene erschöpft, aber ruhig dalag, sprachen die

Leute: Der Dämon ist von ihm gewichen. Und als sie hinausgingen, beredeten sie sich miteinander: »Was ist das? Eine neue, machtvolle Lehre, und er gebietet den Geistern und sie gehorchen ihm.«

Großes dachten die Leute auf dem Nachhausewege von dem, was sie gehört und erlebt, Großes dachten sie von Jesu, aber daß mit jenem Sabbatgottesdienst eine neue Weltgeschichte begann – das wußten sie nicht.

Es geschah noch mehr. Ehe es Mittag war, wußte man noch mehr zu erzählen. Beim Nachhausekommen habe Jesus die Schwiegermutter Petri an einem Fieberanfall leidend gefunden und habe sie geheilt, indem er sie bei der Hand faßte, daß sie sie bei Tische bedienen konnte.

Was müssen die Leute von Kapernaum an jenem Sabbat nicht alles gedacht und geredet haben, als sie in den Feierkleidern vor ihren Häusern saßen! Dennoch wurde ihnen der Tag lang, wie kaum ein anderer. Hatten nicht viele in ihrer Familie einen Kranken und gab es nicht viele mit Besessenheit Behaftete? Und nun war einer da, der konnte heilen! Aber niemand wagte es, ihn ins Haus zu rufen und ihn zu einem Kranken zu führen, daß er seine Kraft an ihm erweise, niemand wagte es, die Kranken auf Bahren vor die Schwelle des Hauses zu tragen, wo er zur Herberge war – denn noch war es Sabbat und jedes derartige Tun wäre eine Beschäftigung und daher ein Sabbatbruch gewesen. So warteten sie, sehnende Hoffnung im Herzen, bis es Abend geworden und die Sonne hinter den Hügeln dem Meere zu untergegangen war. Da war der Sabbat zu Ende. Dieses Festhalten an der heiligen Gewöhnung in einem einzigartigen Augenblick, wo nach unserm Empfinden alle Rücksichten auf Gesetz und Sabbat fallen durften, hat etwas wirklich Ergreifendes und – wir dürfen es wohl sagen – für unsere Zeit, die es mit der Sonntagsentheiligung so leicht nimmt, Demütigendes.

Nun wurde es lebendig in der Dämmerung vor dem Hause Petri. Das ganze Elend Kapernaums umlagerte diese Schwelle. Da standen Bahren mit Kranken, die Krüppel stützten sich auf ihre Freunde und man brachte die Fallsüchtigen, die Schwermütigen und die Irrsinnigen. Jesus trat heraus. Die abendliche Frühlingsluft wehte vom See herüber. Er ging von einem zum andern. Vielen legte er die Hände auf und heilte sie. Und die, welche nicht körperlich geheilt worden, die nahmen ein Wort mit, an dem ihre Seele gesundete. Die Dämonen schrien auf und wanden sich in Krämpfen. Er aber gebot ihnen zu schweigen. So ging es bis in die Nacht hinein, dann verschwand der Zug des Elendes wieder in den dunklen Gassen und hinter den Haustüren. Kapernaum lag wieder still da.

Jesus schlief nicht. Er war im Hause, bis ins Innerste erschüttert von all dem, was dieser erste Tag gebracht, und dankte Gott für die Kraft, die von ihm ausgegangen war, über die Seelen und über die Leiber. Ehe es dämmerte, trat er aus dem Hause. Er ging am Hafengestade entlang, wo die Kähne auf den Wellen schaukelten, dann gegen Nordost, die Höhe entlang in die einsame Gegend. Und während die Sonne über den zerrissenen Bergen des Ostufers aufstieg, lag er dort und betete. So fanden ihn Simon und seine Genossen. Sie hätten ihn gerne nach Kapernaum zurückgebracht. Er aber wollte nicht der Wundermann von Kapernaum werden. Darum zog er mit ihnen in die Dörfer ringsum. Das war der erste Sabbat in Kapernaum.

Die Wunder Jesu

Jesus tat Zeichen und Wunder. Johannes hatte keine getan. Das war der auffällige Unterschied zwischen beiden. Eines aber lag dem Volke ganz fern: aus den Zeichen und Wundern, die sie an Jesus sahen, zu schließen, er sei der Messias. Auf diesen Gedanken ist damals niemand gekommen. Als zur Zeit der Aussendung der Jünger Jesu Ruf als Wundertäter über das ganze Land erscholl, da schlossen die einen daraus, er sei Elias, die andern, er sei ein Prophet. Herodes aber, dem das böse Gewissen schlug, sprach: »Johannes der Täufer ist von den Toten auferstanden; darum tut er solche Taten« (Mark. 6, 14 u. 15). Und er fürchtete sich.

Schon deswegen ist das *nicht richtig*, was man heutzutage oft tut: *den Glauben an Jesum als den Heiland davon abhängig sein zu lassen, ob man an Wunder glaubt oder nicht.* Das ist falsch von denen, die meinen, man dürfe nur *den* Glauben an Jesum als richtig annehmen, der sich verpflichtet, alle von ihm berichteten Wunder als Tatsachen anzuerkennen. Es ist aber auch gerade so falsch von denen, die meinen, weil sie an keine Wunder glauben, könnten sie auch nicht an Jesum als den Heiland glauben. Das setzte voraus, daß uns *nur* von Jesus Wunder berichtet seien und die Wunder also das einzigartige Kennzeichen seiner Person bildeten. In Wirklichkeit aber verhielt es sich ganz anders: Nicht nur von Jesus, sondern auch von anderen Personen erzählte man sich Wunder, und Jesus selbst hat es zu mehreren Malen anerkannt, daß auch andere als er Zeichen täten.

Der Begriff der Wunder und Zeichen war eben in jener Zeit ein ganz anderer, man möchte sagen ein viel leichterer, als heutzutage, weil die Vorstellung von den Vorgängen in der Welt und in der Natur eine andere war. Während unsere, durch die Wissenschaft gebotene Überzeugung dahingeht, daß in der Natur alles sich nach ewig geregelten Gesetzen vollzieht, erschien den Menschen von damals die Natur unter dem Zustand der Gesetzlosigkeit, als machten die Dämonen dem lieben Gott die Weltherrschaft streitig. Ein Wunder bestand für die damalige Vorstellung darin, daß ein Mensch durch die Kraft Gottes die Dämonen, denen man die menschlichen Leiden und Krankheiten zuschrieb, überwand. Solcher Zeichentäter aber gab es viele. Zum Beispiel übten die Pharisäer von altersher durch Gebetsformeln bei vielen Krankheiten Geisterbeschwörung. Als sie Jesus nun vorwarfen, er stehe mit dem Obersten der Dämonen im Bund und tue seine Zeichen durch dessen Macht, da erinnerte er sie daran, daß auch ihre Jünger die Geister vertrieben und niemand daran gedacht habe, sie deswegen des Bündnisses mit dem Teufel anzuklagen. »So ich aber die Teufel durch Beelzebub austreibe«, spricht er zu ihnen, »durch wen treiben sie eure Kinder aus? Darum werden sie eure Richter sein« (Matth. 12, 27). Auch Jesu Jünger taten Zeichen. Als Jesus sie aussandte, gab er ihnen Macht über die unsaubern Geister (Mark. 6, 7). Es wird von ihnen berichtet, »daß sie viele Teufel austrieben, viele Siechen mit Öl salbten und sie gesund machten« (Mark. 6, 13). Ja es gab sogar Leute, die, ohne sich dem Gefolge Jesu anzuschließen, seinen Namen benutzten, um als Geisterbeschwörer Heilungen zu vollbringen. Auf der letzten Reise nach Jerusalem trat Johannes zu dem Herrn und sprach: »Meister, wir sahen einen, der trieb Teufel in deinem Namen aus, welcher uns nicht nachfolgt; und wir verboten es ihm, darum, daß er uns nicht nachfolgt.« Jesus aber billigte ihr Tun nicht, sondern er wollte, daß man jenen Mann unbehelligt ließ. »Ihr sollt's ihm nicht verbieten«, sprach er. »Denn es ist niemand, der eine Tat tue in meinem Namen und möge bald übel von mir reden. Wer nicht wider uns ist, der ist für uns« (Mark. 9, 38–40).

Für die Zeitgenossen Jesu waren daher die Zeichen und Wunder, die er tat, nicht etwas seiner Person so Eigenartiges, daß sie nun gesagt hätten: Er kann niemand anderes sein als der Messias; sondern sie wunderten sich, daß einem Menschen *so viel* Macht und Heilkraft von Gott verliehen war.

Man muß, wenn man von den Wundern Jesu redet, genau unterscheiden zwischen den *Heilwundern* und zwischen den *Naturwundern*, die von ihm berichtet werden. Es ist etwas anderes, ob man einen Menschen fragt: Glaubst du, daß Jesus eine wunderbare Kraft besessen habe, durch die er Heilungen vollbracht? Oder ob man ihn fragt: Glaubst du, daß Jesus bei der Hochzeit zu Kana Wasser in Wein verwandelt hat, daß er wenige Laib Brotes wunderbarlich vermehrt hat, daß er auf den sturmbewegten Wellen des Sees wandelte als auf dem festen Sand, daß er mit einem Wort den Sturm bändigte und daß er mit einem Fluch einen Baum zum Verdorren brachte? Manche aufrichtige Christen – und nicht am wenigsten gelehrte Ärzte – werden auf die erste Frage freudig »ja« antworten und bitten, daß man ihnen die Beantwortung der zweiten Frage erlasse, da sie sich nicht überwinden könnten, alle jene Naturwunder in der Art, wie sie überliefert sind, auch für tatsächlich anzunehmen und lieber, ohne deswegen unsere heiligen Evangelien zu entwerten, annehmen möchten, es walteten in jenen Wunderberichten Mißverständnisse ob, die wir nicht mehr aufdecken können.

Jedenfalls ist es für den, der Jesu Leben genauer verfolgt, klar, daß seine Zeichen und Wunder in der Hauptsache, um nicht zu sagen ausschließlich, *Heilungen* waren. Es handelt sich dabei hauptsächlich um Heilungen an geistig Kranken, an Siechen, an Gelähmten und bestimmte Arten von Erblindung, das heißt um solche Krankheitsfälle, in denen die geistige Zerrüttung und die Erlahmung der Willenskraft eine große Rolle spielte. Jesus heilte die Menschen, indem er eine Kraft auf ihren Geist und auf ihr ganzes Wesen ausübte. Es ging eine Gewalt von seiner Persönlichkeit aus. Bezeichnend ist, daß er nur da heilen konnte, wo sich die Leute ihm gläubig ergaben. Bestand diese Berührung zwischen ihrer und seiner Persönlichkeit nicht, so konnte er auch keine Heilkraft ausüben. So erging es ihm zu Nazareth. Seine Heilkraft wurde durch den Unglauben der Leute beeinträchtigt. »Und er konnte allda nicht eine einzige Tat tun«, erzählt der Evangelist; »außer wenig Siechen legte er die Hände auf und heilte sie. Und er verwunderte sich ihres Unglaubens« (Mark. 6, 5 u. 6).

Der Versuch nun, alle Heilungen Jesu beschreiben und erklären zu wollen, wäre verfehlt, obwohl gerade in den letzten Jahrzehnten die unberechenbare Einwirkung eines mächtigen Willens auf ein Gemüt für das Zustandekommen einer Heilung in bestimmten Krankheitsfällen immer mehr erkannt wird. Denn um einen solchen Versuch durchzuführen, müßten wir jedesmal eine genaue Beschreibung des Krankheitsfalls haben. Nun berichten die Evangelisten aber jedesmal nur, daß ein geistig Kranker, ein Siecher, ein Lahmer, ein Blinder geheilt wurde, aber nicht, welcher Art diese geistige Umnachtung, dieses Siechtum, diese Lahmheit und diese Blindheit war.

Doch wie dem auch sei: Mit einer *wissenschaftlichen* Erklärung der Heilungen Jesu ist nichts gewonnen, denn die Hauptsache kann doch keine Wissenschaft erklären, auch wenn sie sonst erläuternde Beispiele aus verschiedenen Zeiten bis auf die Gegenwart herab anzuführen imstande ist. *Wie kam Jesus zu dieser Kraft?* Darauf gibt es nur eine Antwort, die jenseits des menschlichen Erkennens liegt: *Diese Kraft war ihm von Gott verliehen und er hat sie sich bewahrt durch seine Reinheit und Heiligkeit.*

In der Frage nach den Wundern Jesu sollte man schließlich *eines* niemals außer acht lassen, daß nämlich Wunder einen wirklichen Wert nur für diejenigen haben, welche als Augenzeugen dabei sind. *Erzählte Wunder* aber gehen an Krücken und ihre Bedeutung nimmt ab, je weiter sie in der Zeit zurückliegen. Jesus hat den Zeichen, die durch ihn geschahen, eine große Bedeutung beigelegt für diejenigen, vor deren Augen sie geschahen. Nicht als ob es sich dabei um seine Person gehandelt hätte; sondern diese Wunder sollten Zeugnis ablegen von dem lebendigen Wirken Gottes in der Welt, sie sollten den ungläubigen Menschen die Augen öffnen, daß sie der Bußpredigt Jesu glaubten und umkehrten. Die Zeichen, so vor ihren Augen geschahen, waren *Gnadenmittel* Gottes. Darum schalt Jesus über die Städte, in denen die meisten Zeichen geschehen waren und die sich doch nicht gebessert hatten. Er rief: »Weh dir Chorazin! Weh dir Bethsaida! Wären solche Taten zu Tyrus und Sidon geschehen, als bei euch geschehen sind, sie hätten vor Zeiten im Sack und in der Asche Buße getan« (Matth. 11, 21). Die Zeichen waren für Jesus eine Beglaubigung seiner Predigt von der Buße und von der Nähe des Reiches Gottes, aber nicht eine Beglaubigung seiner Person. Darum lehnte er mit Entrüstung jede Zeichenforderung ab (Matth. 16, 4). Das Neugierig-Menschliche in der

Wundersucht seines Volkes war ihm ein Greuel. Und doch läßt sich nicht leugnen, daß diese Wundersucht sich, wenn auch oft wohl unbewußt, in der Weitererzählung des Lebens und der Taten unseres Herrn bemerkbar macht. Dasselbe Wunder wurde auf verschiedene Arten erzählt, gesteigert und vergröbert, Ereignisse und Aussprüche, die man nicht mehr verstand, wurden als Wunder gedeutet und als solche ausgeschmückt. Unsere Evangelisten trifft dabei keine Schuld. Sie zeichneten eben alles auf, was von Jesus überliefert war, um der Nachwelt nichts vorzuenthalten. Das war ihre Pflicht. Darum spielt das Wunder, je jünger ein Evangelium ist, eine desto größere Rolle. Am zurückhaltendsten und einfachsten in der Erzählung von Wundern ist *Markus*, der älteste Evangelist. Aber auch schon bei ihm wird z. B. die wunderbare Speisung zweimal erzählt (Mark. 6, 34–43 und 8, 1–9), als ob es einmal 5000, das andere mal 4000 Menschen gewesen wären, obwohl doch beidemal nur dasselbe rätselhafte Ereignis gemeint sein kann. Bei *Matthäus* findet sich schon eine größere Ausschmückung der Wunder. Er erzählt nicht nur, daß Jesus auf den Wellen gewandelt sei, sondern daß auch Petrus es versucht habe und bis zu Jesus hingekommen sei (Matth. 14, 22–33). Bei dem Evangelisten Markus sitzt *ein* Blinder am Weg zu Jericho und wird von Jesus geheilt, bei Matthäus sind es deren *zwei* (Matth. 20, 29–34). Der Evangelist *Lukas* als der Jüngste unter den dreien berichtet die meisten Wunder von Jesu.

Es darf also ruhig gesagt werden, daß es nicht in Christi Geist ist, jemanden verpflichten zu wollen, unterschiedslos alle von Jesu berichteten Wunder als Tatsachen anzuerkennen, und danach den Glauben zu bemessen. Der Herr hat niemand ein Recht gegeben, seinen Gläubigen eine so schwere und so unnötige Bürde aufzulegen. Wir glauben, daß er durch seine geistige Kraft mancherlei Heilungen vollbracht. Wir lassen es jedem Menschen frei, die von Jesu berichteten Naturwunder zu glauben oder, wenn sein Gewissen es ihm gebietet, mit seinem Urteil zurückzuhalten. *Wir glauben an Jesum als an unseren Heiland nicht um berichteter Wunder willen, sondern um seiner Person, um seines Evangeliums und um seines Erlösungstodes willen.*

Man könnte denken, daß es besser für uns wäre, wenn uns die Evangelisten das Leben Jesu, ohne der Wunder zu erwähnen, berichtet hätten, da die Wunder ja doch nur eine Bedeutung für Augenzeugen haben. Gewiß wäre damit mancher Anstoß und mancher Zweifel für viele Gläubigen gehoben. Und doch möchten wir die Heilungswunder Jesu in unseren Evangelien nicht missen. Sie bedeuten auch für uns gar viel, nicht als wunderbare Vorgänge, sondern als *Taten des Mitleids und des Erbarmens* unseres Heilandes. In ihnen offenbart Jesus schon vor seinem Tode seine rettende Liebe zu den Menschen. Besaß er diese Heilkraft nicht darum, weil er so heilige Liebe, so reines Mitleid, so heißes Erbarmen hatte? Und wenn wir solche Liebe, solches Mitleid und solches Erbarmen hätten – solche Kraft käme uns dann auch, denn es gibt immer so viel Wunder in der Welt, als heilige Liebe, reines Mitleid und heißes Erbarmen darin wirken. Darum war die Zeit Jesu die Wunderzeit, weil in ihm die Liebe in die Welt gekommen war.

Wie lang hat Jesus öffentlich gewirkt?

In der Nacht nach jenem denkwürdigen Sabbat in Kapernaum war Jesus aus dem Flecken entflohen. In der Einöde fanden ihn seine Jünger in der Frühe des folgenden Tages. Er aber wollte nicht mit ihnen zurückkehren, sondern er sprach zu ihnen: »Laßt uns in die nächsten Städte gehen, daß ich dort auch predige; denn dazu bin ich ausgegangen« (Mark. 1, 38). Sie antworteten ihm nichts und folgten ihm stumm. Die Sonne des neuen Tages umleuchtete ihn, als er sich mit ihnen auf den Weg machte, das Evangelium der Welt zu verkünden – der *Sabbat* entschwand in der Dämmerung, der *Sonntag* brach an. Und sie wußten nicht, daß es der heilige Tag der kommenden Menschengeschlechter, dessen Glanz sie umstrahlte, sondern es war für sie noch der »Tag nach Sabbat«.

Das war der Beginn des Wanderlebens Jesu. Welches war nun aber in kurzen Zügen der *äußerliche Verlauf dieser öffentlichen Tätigkeit?* Wie lang hat das Leben Jesu gedauert, wie ist es in seinen Hauptzügen verlaufen von jenem Augenblick an, wo er in die Öffentlichkeit trat? – Auf diese scheinbar so einfache Frage ist es unmöglich eine auch nur irgendwie befriedigende Antwort zu geben, denn wir wissen weder, wie lang sein Leben gedauert, noch wie es verlaufen.

Wir wissen also das einfachste und naheliegendste nicht. Dies liegt an der Art, wie die Jünger die Kunde des Lebens Jesu, soweit es ihnen von dem gemeinsamen Miterleben bekannt war, den Gemeinden übermittelten. Es kam ihnen nicht darauf an, eine genaue Beschreibung der Ereignisse, in richtiger Ordnung und Folge zu geben, sondern sie sahen es darauf ab, die *Worte des Herrn* im Zusammenhang mit dem Anlaß, aus dem heraus sie gesprochen worden waren, zu berichten. Deswegen sind uns die einzelnen Szenen und Auftritte oft sehr deutlich erhalten, während die Reihenfolge und der Zusammenhang zwischen ihnen dunkel bleibt. Es ist daher ganz erklärlich, daß die Evangelisten gerade in dem Aufriß der öffentlichen Wirksamkeit weder im besonderen noch im allgemeinen vollständig miteinander übereinstimmen.

Zum Beispiel, um ein Exempel aus der ersten Zeit der Wirksamkeit Jesu zu wählen, erzählt der Evangelist Lukas im 4. Kapitel, daß der Herr nach Nazareth ging, dort in der Synagoge predigte und von den Einwohnern seiner Vaterstadt verachtet wurde, *ehe* er nach Kapernaum kam. Nach dem Evangelisten Markus hingegen fand diese Reise nach Nazareth erst statt kurz vor der Aussendung der Jünger, nachdem Jesus schon lange in Galiläa gewirkt hatte. (Mark. 6).

Um einen ähnlichen zeitlichen Unterschied handelt es sich auch bei der Heilung der Schwiegermutter Petri. Nach dem Evangelisten Markus fand diese Heilung an jenem ersten Sabbat bei der Rückkehr aus der Synagoge statt (Mark. 1, 29 und 30), Matthäus aber erzählt diese Heilung erst im 8. Kapitel, Vers 14–17, nachdem er schon von einer längeren Wirksamkeit Jesu in Galiläa berichtet hat (Matth. 4, 23). Bei Markus heilte also Jesus die Schwiegermutter seines Jüngers, als er zum ersten Mal in Kapernaum war, bei Matthäus, als er nach längerer Wanderung zum zweiten Mal nach Kapernaum kam!

Doch was besagen diese kleinen Verschiedenheiten im Vergleiche mit der großen Differenz, die in Betreff der *Dauer* der öffentlichen Wirksamkeit Jesu zwischen den

Evangelien besteht! Hätten wir nur die drei ersten Evangelien, so würden wir unbedingt annehmen, daß alles, was uns von der öffentlichen Wirksamkeit Jesu berichtet wird, sich *innerhalb eines Jahres* abgespielt habe; denn nirgends wird, weder bei Matthäus, noch bei Markus, noch bei Lukas, erzählt, daß er, wie das Gesetz es vorschrieb, mit seinen Jüngern zum Osterfest nach Jerusalem zog, außer jener einzigen Reise, wo er den Tod fand. Also fing nach diesen Evangelien seine öffentliche Wirksamkeit erst nach dem Osterfeste an und endigte 2 Tage vor dem folgenden Osterfeste mit seinem Tode. Sie dauerte also nicht ganz ein Jahr.

Nach dem Evangelisten Johannes aber zog Jesus im ganzen drei Mal mit seinen Jüngern zum Osterfest nach Jerusalem. Zum ersten Mal (Joh. 2, 13) nach der Hochzeit zu Kana; zum zweiten Mal (Joh. 5, 1), wenn mit dem Fest der Juden, von dem dort die Rede ist, wirklich Ostern gemeint ist; zum dritten Mal (Joh. 12, 12), als er von Bethanien aus seinen Einzug in Jerusalem hielt. Diesem Evangelisten zufolge dauerte also die öffentliche Wirksamkeit *Jesu zwei oder drei Jahre!*

Solche Verschiedenheiten in der Schätzung der Dauer der öffentlichen Wirksamkeit Jesu traten also schon in der ältesten Christenheit zutage zur Zeit, als die Evangelien geschrieben wurden. War Jesus, wie berichtet wird, bei der Taufe dreißig Jahre alt, so zählte er bei seinem Tode nach den drei ersten Evangelisten 31, nach dem Evangelium Johannes 33 Jahre.

Ja es bestand in jener ältesten Zeit eine auf den Apostel Johannes sich berufende Überlieferung, nach der der Herr *gegen 50 Jahre alt geworden sein soll* und also etwa 20 Jahre gewirkt habe! Der Kirchenvater Irenäus, der anno 177

Bischof von Lyon wurde, rechnet es in seinem großen Werk gegen die Irrlehrer unter die Ketzereien, daß Jesus nur ein Jahr öffentlich gewirkt habe. Er schreibt im 22. Kapitel seines 2. Buches: »Das Alter von dreißig Jahren ist der Anfang des Mannesalters und dieses erstreckt sich bis ins 40. Jahr, wie jedermann zugestehen wird; vom vierzigsten und fünfzigsten Jahre aber neigt es schon in das höhere Alter, *in dessen Besitz unser Herr lehrte, wie das Evangelium und alle Ältesten bezeugen, die in Asien mit Johannes, dem Jünger des Herrn, zusammengekommen sind, daß dieses Johannes überliefert habe.* Einige aber von ihnen haben nicht bloß den Johannes, sondern auch andere Apostel gesehen und das Nämliche von ihnen gehört und geben Zeugnis von diesem Berichte.« Auch die Frage der Juden (Joh. 8, 57) »Du hast noch nicht fünfzig Jahre und hast Abraham gesehen?« meint Irenäus, könne sich doch nicht an einen Dreißigjährigen richten, sondern sie erklärt sich nur, wenn Jesus aussah, wie ein Mann, der in die fünfziger Jahre geht.

Nach dieser alten Überlieferung ist also Jesus nicht jung gestorben, sondern er hat alle Menschenalter durchlaufen. Dieser Gedanke gibt dem Kirchenvater Anlaß zu einer wunderschönen, sinnigen Betrachtung. Er schreibt nämlich im Zusammenhang mit der oben angeführten Stelle: »Da Jesus also Lehrer war, hatte er auch eines Lehrers Alter, indem er nicht verschmähte oder überschritt den Menschen, noch bei sich aufhob das Gesetz des menschlichen Geschlechts, sondern jedes Alter heiligte durch die Ähnlichkeit mit ihm. Denn alle kam er durch sich selber zu retten, alle, sage ich, die durch ihn in Gott wieder geboren werden, Säuglinge, Kinder, Jünglinge, Männer und Alte. Darum ging er durch jedes Alter, unter den Säuglingen ein

Säugling, um die Säuglinge zu heiligen; unter den Kindern ein Kind, um die in diesem Alter Stehenden zu heiligen und ihnen zugleich ein Muster der Frömmigkeit, der Bravheit und der Untertänigkeit zu werden; unter den Männern ein Mann, um ein Muster den Männern zu sein und sie zu heiligen dem Herrn; so auch ein Alter unter den Alten, um ein vollkommener Meister zu sein in allem, nicht bloß in Darlegung der Wahrheit, sondern auch an Alter, um zumal auch die Alten zu heiligen und auch ihnen ein Muster zu werden.«

So schön nun diese Ausführungen sind über den Herrn, der erlösend alle Menschenalter durchlaufen hat, so ungerecht ist es andererseits, die Annahme, daß die öffentliche Wirksamkeit Jesu nur ein Jahr gedauert habe, als Irrtum zu verwerfen, denn sie hat die meiste Wahrscheinlichkeit für sich. Hier stehen drei Evangelien gegen eines. Zwar hat man versucht, diesen Unterschied auszugleichen, indem man die Darstellung des Johannesevangeliums mit der der drei ersten Evangelien verschmelzen wollte. Man hielt es für möglich, den Platz aufzuzeigen, wo in den drei ersten Evangelien die Jerusalemreise, die sie nicht berichten, stattgefunden haben sollte. Aber mit solchen Ausgleichen kommt man nicht weit. Sie sind zu gequält und zu gekünstelt. Es bleibt nichts anderes übrig, als sich entweder für das *eine Jahr* der drei ersten Evangelisten oder für die *drei Jahre* des Johannesevangeliums zu entscheiden, da schon in der ältesten Zeit eine so zwiespältige Überlieferung herrschte. Da nun Markus, der älteste und genaueste Evangelist, dessen Bericht auf den Erzählungen Petri beruht, nur *eine einjährige Wirksamkeit* annimmt, so wird es damit wohl seine Richtigkeit haben.

Nur wenige Monate hat also unser Herr gewirkt und doch

so Großes vollbracht. Er starb im Beginn der dreißiger Jahre. Nie aber können wir die Frage loswerden: Wenn unser Herr über seinem Wirken, statt durch frühen Tod entrafft zu werden, ein Greis geworden wäre? Was dann? »Er hätte seine Ansichten geändert«, sagen die einen. »Er wäre an den Enttäuschungen zu Grunde gegangen«, sagen die andern. Wir aber sagen: Er hat gewirkt, solange es ihm von Gott bestimmt war. Er hat gewirkt bis zum letzten Atemzug, denn auch das Leiden und das Verzeihen am Kreuz war »Wirken«. So hat er in der kurzen Zeit vollendet, was Gott ihm in der Welt aufgetragen hatte – weil er treu war.

Die Rückkehr nach Kapernaum

Nach jenem, beim Evangelisten Markus (Kap. 1, 16–39) ausführlich geschilderten ersten Sabbat in Kapernaum brach Jesus auf, um durch Galiläa zu ziehen und des Sabbats in den Schulen zu lehren. Vier Jünger begleiteten ihn auf dieser Fahrt: Simon Petrus und Andreas, Jakobus und Johannes. Die andern kamen erst später dazu.
Über das, was Jesus auf dieser Wanderung erlebte, erzählen die Evangelien fast nichts, es sei denn die *Heilung eines Aussätzigen.* Man könnte sich darüber wundern, daß Petrus, der Gewährsmann des Evangelisten Markus, diesem nicht mehr von jenem Zuge mitgeteilt hat, da doch Markus ihm eine so anschauliche Schilderung von dem ersten Sabbat in Kapernaum verdankt. Hat sich denn auf dieser Wanderung durch Galiläa nichts weiter ereignet als diese Heilung eines Aussätzigen, die Mark. 1, 40–45 berichtet wird?

Sieht man genauer in den Text, so wird man gewahr, daß es mit dieser Heilung eine merkwürdige Bewandtnis hat: *Sie war Schuld daran, daß die von Jesus geplante Wanderung durch Galiläa abgebrochen wurde und der Herr früher, als er gedacht hatte, wieder nach Kapernaum zurückkehrte.*

Es hat wohl noch niemand diese Heilung gelesen oder vorlesen hören, ohne fast peinlich überrascht zu sein von dem unwirschen Ton, mit dem Jesus den Geheilten entläßt. Zuerst jammert ihn seiner. Er heilt ihn. Dann aber »bedräuete er ihn«, heißt es in der Schrift, »und trieb ihn alsbald von sich und sprach zu ihm: Siehe zu, daß du niemand nichts sagest; sondern gehe hin und zeige dich dem Priester und opfere für deine Reinigung, was Moses geboten hat, zum Zeugnis für sie.«

Man hat sich diese unfreundliche Verabschiedung auf mancherlei Weise zu erklären gesucht. Gewöhnlich nimmt man an, daß der Aussätzige zudringlich gegen Jesus gewesen sei und noch von ihm verlangt habe, er solle ihn von der Verpflichtung entbinden, nach Jerusalem zum Priester zu gehen und sich dort den Zeremonien zu unterziehen, die das Gesetz 3. Mos. 13 und 14 für die Genesung vom Aussatz vorschrieb. Erst nach der Erfüllung dieser Vorschriften durfte der Genesene wieder bei den andern Menschen wohnen. Diese Zumutung aber, meint man, habe Jesum aufgebracht und deswegen habe er ihn mit harten Worten entlassen.

Nun erzählt aber der Evangelist gar nicht, daß der Aussätzige durch Jesus auch noch von den gesetzlichen Bestimmungen befreit werden wollte. Also liegt der Grund der Heftigkeit nicht in einer Zudringlichkeit des Geheilten, *sondern in der Heilung selbst.*

Jesus wollte nämlich auf dieser Wanderung keine Zeichen tun. Er war ja von Kapernaum fortgegangen, weil er den Zulauf zu ihm als dem Wundermann fürchtete. Als einfacher Bußprediger wollte er Galiläa durchwandern und in den Synagogen die Nähe des Reiches Gottes predigen. Der Aussätzige aber, der ihn in der Herberge aufsuchte, hat ihm durch seinen Glauben die Heilung geradezu abgetrotzt, wie das kananäische Weib durch ihren Glauben die Heilung ihres Kindes von ihm erzwungen hat (Mark. 7, 24–50). In dem Fall des Aussätzigen wollte er nicht heilen, weil er den Zulauf als Wundermann fürchtete, in dem Fall des kananäischen Weibes, weil er glaubte, auf heidnischem Boden keine Zeichen tun zu sollen. Beide aber erzwangen die Heilung durch ihren Glauben. Weil er beiden gegen seine anfängliche Absicht zu Willen war, zeigte er gegen beide einen Unmut und eine Schroffheit, die von jeher gerade an diesen beiden Erzählungen befremdet haben. Zum kananäischen Weib sagte er: »Es ist nicht fein, daß man der Kinder Brot nehme und werfe es vor die Hunde«; den geheilten Aussätzigen entließ er mit einer heftigen Verwarnung, zu schweigen und niemand nichts davon zu sagen. Ja, er will nicht, daß er in der Gegend bleibt und die Sache ruchbar macht, sondern stracks, zum Haus hinaus, soll er nach Jerusalem ziehen und dort dem Gesetz Genüge tun.
Der Mann aber gehorchte Jesus nicht. »Da er hinaus kam«, heißt es in der Schrift »hub er an und sagte viel davon und machte die Geschichte ruchbar.« Er zog zwar nach Jerusalem, denn er wußte nicht anders, als daß er dem Gesetze baldigst Genüge tun mußte. Wen er aber auf seiner Straße traf, dem erzählte er, wie ihm geschehen; wer ihn an der Cisterne tränkte, dem wies er den Mann von Nazareth. Er war der erste, welcher die Kunde von Jesu Auftreten nach

Jerusalem brachte. Durch ihn wurden die Schriftgelehrten in Jerusalem auf Jesum aufmerksam gemacht. Sie entsandten alsbald von den ihrigen, um den Wundertäter zu beobachten, und diese Schriftgelehrten, die von Jerusalem herabgekommen waren, fällten kurze Zeit darauf über Jesus den Spruch: »Er hat den Beelzebub, und durch den Obersten der Teufel treibt er die Teufel aus.« (Mark. 3, 22)
Aber auch für die geplante Wanderung durch Galiläa hat der Geheilte durch seinen dankbaren Ungehorsam dem Herrn Verlegenheit bereitet. Was Jesus hatte vermeiden wollen, traf ein: Er wurde als Wundertäter umlagert, wohin er kam. Es kam so, daß er, wie der Evangelist erzählt, »hinfort nicht mehr konnte öffentlich in eine Stadt gehen, sondern er war draußen in den wüsten Örtern und sie kamen zu ihm von allen Enden.«
Damit war nun die Wanderung, wie sie Jesus geplant hatte, gleich von Anfang an unmöglich gemacht worden. Darum brach der Herr die Fahrt ab und kehrte nach Kapernaum zurück. »Und über etliche Tage ging er wieder in Kapernaum ein« (Mark. 2, 1). Mit dieser Rückkehr beginnt nun eine längere Wirksamkeit in dieser Stadt.
Um die Dauer dieses Aufenthalts zu veranschlagen, muß man folgendes erwägen: Jesus blieb in Kapernaum bis zu einer Fahrt, die er nach dem jenseitigen Ufer des Sees machte in das Land der Gerasener (Mark. 5, 1) und in das Gebiet der zehn Städte (Mark. 5, 20), von dort kehrte er nach Kapernaum zurück, hielt sich aber hier nicht lange auf, sondern zog nach Nazareth (Mark. 6, 1). Auf dem Heimweg von Nazareth sandte er seine Jünger auf die Missionsreise. Damals war es Erntezeit, denn der Evangelist Matthäus berichtet, daß der Herr mit Hinblick auf den Zustand der Felder von dem Zustand des Gottesreiches gesagt

habe: »Die Ernte ist groß, aber der Arbeiter sind wenige« (Matth. 10, 37).
Erwägt man nun, daß Jesus erst nach dem Osterfest zu lehren anfing, wo in Galiläa das Korn schon in den Ähren stand, daß er zur Zeit der Ernte auf der Rückkehr von Nazareth seine Jünger auf die Missionsreise sandte, so bleiben für den zweiten Aufenthalt in Kapernaum, wenn man die Zeit für die Reise nach dem andern Ufer und für die Wanderung nach Nazareth in Anschlag bringt, höchstens einige Wochen, vielleicht aber auch nur vierzehn Tage.
In jene Wochen der reifenden Saat fällt die Haupttätigkeit Jesu. Er wohnte im Hause Petri. Aus allen Gegenden Israels kamen sie zu ihm. Nun lehrte er nicht mehr bloß des Sabbats in der Synagoge, sondern auch in der Woche am Seegestade, vom Kahn aus, oder auf der Höhe, die über Kapernaum aufsteigt. Dort sprach er die *Gleichnisse* von der Saat und ihrem Wachstum, hier redete er die *Bergpredigt*.

Die ersten Gleichnisse Jesu

(Ev. Mark. 4 und Matth. 13)

»Und er predigte ihnen lang durch Gleichnisse« (Mark. 4, 2). In Bildern zu reden ist orientalische Art. Schon die *Propheten* kleideten ihre Rede in Gleichnisse ein. Das berühmteste Prophetengleichnis steht im 5. Kapitel des Buches Jesaja, und zwar trug es der Prophet als ein Lied vor. Er singt den Bürgern von Jerusalem das Lied von dem Weinberg seines Freundes. Mit einem Zaun hatte er ihn umgeben, edle Reben darein gesenkt, einen Turm darin gebaut, eine Kelter darin gegraben – und er wartete, daß er Trauben brächte. Aber er brachte Herlinge. »Nun richtet, ihr Bürger zu Jerusalem«, fährt er fort, »was soll Gott, der also an dem Haus Israel getan, mit seinem undankbaren Volk beginnen?«

Bei *Jesus* tritt das Gleichnis noch viel mehr in den Vordergrund. Es scheint, daß er ganze Reden gehalten hat, wo derselbe Gedanke in einer Reihe von Gleichnissen wiederkehrt. In Mark. 4 und Matth. 13 finden wir eine Gleichnisrede, die er am See gehalten hat, aufgezeichnet. Auch in Jerusalem, in den letzten Tagen vor seinem Tod, predigte er dem Volk in Gleichnissen. Jedoch sind diese letzten Gleichnisse viel länger und ausgeführter, als die ersten. Man halte z. B. das Gleichnis von den anvertrauten Pfunden oder von der königlichen Hochzeit neben das einfache Gleichnis vom Senfkorn!

Unnachahmlich aber ist in den letzten, wie in den ersten Gleichnissen *die Form*. Man kann kein Wort hinzusetzen und keines hinwegnehmen, sondern so wie sie sind, sind sie vollkommen, und der größte Dichter der Welt hätte es nicht so, geschweige besser machen können. Sowie man versucht, sie mit andern Worten zu erzählen, hinken sie lahm einher. Jesus versteht eben das Malen in Worten, was die höchste Kunst des Redners und des Schriftstellers ist, in einzigartiger Weise. Einige Worte – und alles steht vor unsern Augen. Was hat es zu sagen, daß die Landschaft am See Genezareth zur Einöde geworden? In dem Gleichnis vom Sämann ist sie noch da, wie sie war. Man sieht den Sämann dahinschreiten auf der sanften Höhe, die zum See abfällt, wie ihn Jesus vom Kahn den Hörern mit dem Finger in der Ferne zeigte; die Vögel tirelieren lustig das schöne Lied von der Sorglosigkeit, und man atmet die

laue Frühlingsluft, welche dem Herrn die Worte von den Lippen nahm und über die plätschernden Wellen zum Strande trug.
Ganz merkwürdig ist aber die *Verwendung* des Gleichnisses bei Jesus. Nach der gewöhnlichen Auffassung soll ein Gleichnis den Gedanken, den man schon in einfacher Rede ausgeführt hat, noch einmal im Bilde zusammenfassen, so daß die Rede das Gleichnis und das Gleichnis die Rede verdeutlicht. Jesu Gleichnisse aber stehen für sich allein da. Was ist das Reich Gottes? Wie und mit welchen Mitteln kommt es in die Welt? Darauf antwortet er *nur* in Gleichnissen. »Und ohne Gleichnis redete er nichts zu ihnen«, heißt es Mark. 4, 84. Eine Lösung der Gleichnisse gibt es nicht. »Wer Ohren hat zu hören, der höre«, mit diesen Worten beschließt er sein erstes Gleichnis (Mark. 4, 9).
Das Gleichnis dient also bei ihm nicht zur *Verdeutlichung*, sondern zur *Verhüllung*. Es schließt ein Geheimnis ein: das Geheimnis des Reiches Gottes (Mark. 4, 11). Und weil es nicht für alle bestimmt ist, sagt er es im Gleichnis.
Den erstaunten Jüngern erklärt er, warum er so handle. »Denen draußen«, sagt er, «widerfährt es alles durch Gleichnisse, auf daß sie es mit sehenden Augen sehen, und doch nicht erkennen, und mit hörenden Ohren hören, und doch nicht verstehen; auf daß sie sich nicht bekehren und ihnen vergeben werde« (Mark. 4, 11 u. 12).
An diesem Wort ist nicht zu drehen und zu deuteln. *Es ist unnachsichtlich hart.* Es gibt Augenblicke im Leben Jesu, wo sich eine stählerne Unerbittlichkeit auf seine Züge legt. Er, der so mild für die Suchenden, für die Verirrten, für die Verachteten, für die Gefallenen ist, ist so hart für die *Teilnahmslosen und für die Gleichgültigen*, daß er ihnen das Evangelium vorenthalten will, indem er es ihnen in einer

Sprache verkündet, für die ihr Ohr unempfänglich ist. Leicht will er es ihnen nicht machen. Hören sollen sie und nicht verstehen, weil sie eben nicht mehr genug geistiges Leben haben, um sich den geistigen Gehalt der Gleichnisse anzueignen. »Wer da hat, dem wird gegeben; und wer nicht hat, von dem wird noch genommen werden, was er hat«, sagt er im Verlauf des Gesprächs zu den Jüngern (Mark. 4, 25). Die aber, welche für das Geistige empfänglich sind, denen strömt geistiger Reichtum in diesen Gleichnissen zu, und zwar desto reichlicher, je empfänglicher sie sind. Mit dem Maß, mit dem sie messen, wird ihnen das Geistige zugemessen und noch dazu gegeben (Mark. 4, 24). Gleichnisse zum Nachdenken gibt ihnen Jesus mit: Betrachtet, was Großes und Unerklärliches in der Natur vorgeht, vor euren Augen, und erkennt, daß derselbe Gott, der in der Natur wirkt, auch im Reich des Geistes Großes vorbereitet. Liegt nicht eine tiefe Wahrheit darin, daß Jesus darauf verzichtet, den Teilnahmslosen das Reich Gottes zu erklären, weil sie es doch nicht verstehen können und weil alles notwendig leer von ihnen zurückkehrt?

Jesus stellt also jedem die *Deutung* der Gleichnisse anheim. Dies ist wohl der Grund, daß einige derselben verschieden überliefert sind. Interessant ist der Vergleich zwischen dem Gleichnis von der wachsenden Saat bei Mark. 4, 26–29 und demselben Gleichnis bei Matth. 18, 24–30. Bei Markus ist von Unkraut keine Rede, sondern die Bedeutung des Gleichnisses liegt darin, daß der Sämann, nachdem er gesät hat, heimgeht und nichts weiter tun kann und braucht, weil die Erde aus der Saat die Ernte von selbst hervorgehen läßt. Bei Matthäus jedoch kommt ein neuer Zug hinzu. Während der Mensch schläft, wird Unkraut gesät, und er darf die Scheidung nicht sogleich vornehmen, sondern er muß warten bis zur Ernte, wo der Weizen und das Unkraut voneinander kenntlich sind. So wird sich auch erst beim Gericht Gottes offenbaren, welche Menschen zu seinem Reiche wahrhaftig gehören und welche nicht.

Hat Jesus dasselbe Bild zu zwei so verschiedenen Gleichnissen benützt oder ist das Gleichnis bei Matthäus eine Umbildung, welche das einfache Gleichnis bei dem Weiterzählen erfahren hat? Ebenso fragt es sich, ob die Deutung des Gleichnisses vom Sämann, so wie sie uns in den Evangelien überliefert ist (Mark. 4, 13–20 und Matth. 13, 18–23) von Jesus zu den Jüngern gesprochen worden ist. Lag es wirklich in seinem Gedanken, daß mit dem Steinigen die Unbeständigen und mit den Dornen die Weltmenschen gemeint seien? Diese Deutung ist so einfach, daß man nicht einsieht, warum er sie den Menschen vorenthält und den Jüngern als ein Geheimnis mitteilt. Doch dies nur nebenbei.

Eigentlich ist es gut, daß Jesus diesen Gleichnissen keine Deutung beigesetzt. So veralten sie nicht. Die Natur bleibt Natur. In ihren ewig geheimnisvollen Vorgängen spiegelt sich für alle Zeiten das Reich Gottes wider, denn im Reiche des Geistes gelten dieselben Gesetze, wie im Reiche der Natur. Es ist, als ob Jesus durch seine Gleichnisse der Natur die Sprache verliehen hätte, daß sie nun fort und fort, von der Saat bis zur Ernte, den Menschen sein Evangelium verkündige. Diese Gleichnisse sind unerschöpflich, wie die Natur selbst. Man kann sie auf hundert Arten deuten, und wenn man sie noch einmal liest, findet man wieder etwas Neues darin.

Jede Zeit hat ihre Art, die Natur zu belauschen. Das Verständnis der Natur wechselt mit den Geschlechtern. So liegt *uns* die Deutung der Gleichnisse am nächsten, welche darin den Gedanken findet, daß das Reich Gottes, wie alles Große, was in der Welt zur Entfaltung kommt, schon in den kleinsten Anfängen ganz angelegt ist und sich aus denselben langsam und stetig entwickelt. Die Wissenschaft hat uns gezeigt, daß in dem Samenkorn schon der Halm und die Ähre, also die ganze Ernte, enthalten sind. Aus der Geschichte haben wir gelernt, daß das Christentum von kleinen Anfängen aus sich über die ganze Welt verbreitet hat. Darum deuten wir die Gleichnisse auf die stetig fortschreitende Entfaltung des Reiches Gottes in der Welt.

Für Jesus stand vielleicht ein anderer Gedanke im Vordergrund: *daß Gott allein es ist, der alles wirkt.* Der Mensch streut Samen aus; manches geht auf der Straße, manches unter den Steinen, manches unter den Dornen verloren. Nur wenige Körner fallen auf gut Land. Und doch, aus diesen wenigen Körnern entsteht eine herrliche Ernte, welche die Aussaat so und sovielmal wiederbringt: Wer wirkte das? Gott.

Der Mensch streut Samen auf das Land; weiter kann er nichts tun. Er geht heim und schläft; aber von selbst bringt die Erde hervor das Gras, die Ähren, den vollen Weizen in den Ähren, und er braucht nur die Schnitter in die Ernte zu senden. Wer wirkt solches? Gott.

So ist es auch im Geistigen. Der Mensch kann nur wenig tun für das Reich Gottes. Aber wenn er dieses Wenige tut, und gar meint, es ist umsonst, dann wirkt die Kraft Gottes in diesem Wenigen, und macht aus dem Kleinen Großes. Wenn das Reich Gottes durch die Menschen verwirklicht werden müßte, käme es nicht zustande, ebensowenig, wie aus der Aussaat eine Ernte würde. Aber da Gott seinen überreichen schöpferischen Segen legt auf das, was Menschen tun, können auch die Menschen das Reich Gottes herbeiführen, wenn sie daran arbeiten. Nichts Gutes, das in der Welt von Menschen gewirkt wird, geht verloren, sondern Gott läßt alles zu seiner Zeit in herrlicher Ernte überreichlich wiedererscheinen: das ist der allgemeine, ewig wahre, von Frühlingsglaube und Frühlingshoffen getragene Gedanke der ersten Gleichnisse Jesu.

Die Seligpreisungen

(Matth. 5, 3–12 u. Luk. 6, 20–26)

Der »Berg der Seligpreisungen« lag wahrscheinlich in der Nähe von Bethsaida am Nordende des Sees. Es ist derselbe Berg, auf welchen sich Jesus später nach der Rückkehr der Jünger von der Aussendung zurückzieht, um zu beten, nachdem er sie mit dem Volk nach Bethsaida entlassen hat (Mark. 6, 45–46). Es scheint, daß ihn das Volk am Tage der Bergpredigt in jener Gegend aufsuchte, denn es heißt: »als er das Volk sahe«. Nach Matth. ging er dann zum Reden auf den Berg hinauf, während er nach Luk. vom Berg herniederstieg und auf einen Platz im Felde trat. Man weiß also nicht, ist die Rede *auf* dem Berge oder *am Fuß* des Berges gesprochen.

Sie waren in die Einöde hinausgezogen, um das Evangelium zu hören, das Evangelium vom nahen Reiche Gottes. Und als sie sich erwartungsvoll zu den Füßen des Meisters lagerten, ging unter ihnen die stumme Frage um: Wenn das Reich Gottes kommt, wer von uns gehört dazu? Wer wird beim Gericht als Gotteskind erfunden werden? Jesus liest ihnen diese Frage vom Gesicht ab und antwortet darauf: die geistig Armen, die Leidtragenden, die Sanftmütigen, und zählt sie in Seligpreisungen auf. Das war etwas Neues, denn die Pharisäer sagten, daß wer das Gesetz bis ins Kleinste hielte, beim Gericht als gerecht erfunden würde.

Man darf Jesum nicht mißverstehen, als stellte er die Seligkeit als Lohn für die Friedfertigkeit und die Sanftmut hin, sondern zu den Seligen dürfen sich jene *jetzt schon* zählen, weil sie in jenen Eigenschaften das Siegel Gottes an sich tragen und als seine erwählten Kinder gezeichnet sind. Nicht werden sie *erwählt* werden, *weil* sie sanftmütig und friedfertig gewesen sind, sondern *weil* sie von Gott *erwählt* sind zur Seligkeit, treten die Sanftmut und die Friedfertigkeit, die im Gottesreich herrschen, schon *jetzt* an ihnen zutage, als das Aufleuchten der zukünftigen Welt in der gegenwärtigen. Sie *ererben* das Reich, das ihnen bestimmt ist von Anbeginn der Welt, sie *erwerben* es nicht.

Wie aber das weiße Sonnenlicht, wenn es sich in den Wolken über der Erde spiegelt, in verschiedenen Farben als Regenbogen erstrahlt, so offenbart sich die zukünftige himmlische Vollkommenheit in den irdischen Menschen in einzelnen Tugenden. Jeder trägt eine Farbe derselben. Jesus zählt nämlich die Eigenschaften nicht zusammen, indem er sagt: »Selig seid ihr, wenn ihr geistig arm und sanftmütig und barmherzig und reinen Herzens seid«, sondern die Seligpreisungen gelten *verschiedenen* Menschen. *Eine* Eigenschaft macht für ihn das Wesen eines Menschen aus und ist die Grundmelodie seines Gemüts, und alles andere an ihm ist nur konsonierende oder dissonierende Harmonie.

Daß er aber etwas seinem innern Wesen nach *ganz* ist –

ganz geistige Armut, ganz Barmherzigkeit, ganz Friedfertigkeit, das bedecket seine sonstige Unvollkommenheit. Das ist das tief Menschliche in den Seligpreisungen. Es liegt ein Stück Sündenvergebung darin.

Unter den Friedfertigen und Barmherzigen stehen, die da Leid tragen und die verfolgt werden. Tugenden und Schicksale sind untereinander *gemischt*. Jesus will sagen, daß es Menschen gibt, die vor Gott nicht etwas sind, durch das, was sie *handeln*, sondern durch das, was sie *erleiden*. Sie sind gezeichnet durch das, was die *Welt* an ihnen sündigt, und weil sie auf Erden zum Leiden bestimmt waren, tragen sie die Gewißheit der himmlischen Herrlichkeit an sich. Die allgemeine Fassung der zweiten Seligpreisung ist überraschend. *Genau* übersetzt heißt sie: »Selig sind die Klagenden«. Das Religiöse tritt vollständig zurück. Jesus redet nicht von Trübsal in seinem Namen oder von geduldig ertragener Trübsal – ein Sinn, den wir in das deutsche Wort »Leid *tragen*« gern hineinlegen –, sondern es ist eine Seligpreisung, die er ausschickt, daß sie in den Gassen die zugrunde Gegangenen und Ausgestoßenen, an denen ihre Eltern gesündigt haben, aufsuche, und die er heißt an die Zuchthaustüren klopfen, daß sie denen, welche die Welt dort in Banden hält, nachdem sie vielleicht vom ersten Tage ihres Daseins an ihnen mißgehandelt hat, die Augen zudrücke und das Zeichen des Kreuzes über ihnen mache. Mit diesem Ineinander von Tugenden und Schicksalen hängt es nun zusammen, daß zwei Seligpreisungen zwiespältig überliefert sind, weil man sie, wie es scheint, von Anfang an verschieden verstanden hat.

Bei Matth. heißt es:

»Selig sind die *geistig Armen*« (d. h. diejenigen, welche ungestillte geistige Bedürfnisse haben, die Suchenden);

Luk. setzt dafür:
»Selig sind die *Armen.*«
Matth. sagt:
»Selig sind, die da hungert und dürstet *nach der Gerechtigkeit;*«
dafür hat Luk.:
»Selig sind die *Hungernden.*«
Welcher von beiden überliefert das richtige Wort?

Nun ist zwar gewiß, daß Jesus die Notleidenden höher für das Reich Gottes eingeschätzt hat als die Begüterten, weil er bei den Armen mehr Sinn für das Geistige fand als bei den Reichen. Derjenige, der gesagt hat: »Wie schwerlich werden die Reichen in das Reich Gottes kommen«, hat ganz gut eine Seligpreisung an die Armen und Hungernden richten können.

Und doch spricht auch hier alles dafür, daß Matth. im Rechte ist, wenn er den Herrn von geistiger Armut und von geistigem Hunger reden läßt. Gar zu offenkundig kehrt Luk. überall die Absicht heraus, den Herrn als Lobredner der Armen und als Verdammer der Reichen hinzustellen. Darum gibt er nur vier Seligpreisungen, denen dann vier Wehe über die Reichen entsprechen. Dafür erwähnt er aber von den acht Seligpreisungen des Matth. gerade die schönsten – die über die Sanftmütigen, über die Barmherzigen, über die Herzensreinen und über die Friedfertigen – *nicht.* Ist es nun *denkbar,* daß die Überlieferung, der dieser Evangelist folgt, die richtige ist? Hat Jesus damals seine Seligpreisungen mit Weherufen geschlossen?

Eine der Seligpreisungen hat durch die Übersetzung gelitten, so daß sie einer Erklärung bedarf: »Selig sind die Sanftmütigen, denn sie werden das Erdreich besitzen.« »Das Erdreich besitzen« bedeutete in den alten Verheißungen an die Patriarchen »das gelobte Land ererben«, im geistigen Sinne bei Jesus: »in das Himmelreich kommen«. Aber in der Übersetzung liegt doch eine tiefe Wahrheit. Die römischen Kaiser, die mit ihren Legionen das Erdreich beherrschten, als Jesus, der Herr der Sanftmut, predigte, sind dahin, ihre Weltmacht ist vergangen und nur die Trümmerhaufen reden noch davon; aber *seine* Herrschaft ging auf über das Erdreich, das noch viel größer ist, als man damals zu denken wagte!

Von allen Seligpreisungen galt die letzte vor allen seinen Hörern. Er spricht sie daher doppelt aus. Zuerst allgemein: »Selig sind, die um der Gerechtigkeit willen verfolgt werden«; dann an sie besonders: »Selig *seid ihr*, wenn sie *euch* schmähen und verfolgen um meinetwillen.« Er schrieb sie ihnen ins Herz, und als die Zeit der Verfolgungen über sie kam, da getrösteten sie sich derselben. Sie klingt wieder in Sprüchen des Jakobusbriefes, und der erste Petrusbrief erbaut sich ganz darauf. »Wenn ihr geschmähet werdet im Namen Christi, *selig seid ihr*, denn der Geist der Herrlichkeit und der Geist Gottes ruhen auf euch« (1. Petr. 4, 12–14).

Wie sie damals die Gefährtin des Evangeliums auf seinem Gang durch die alte Welt war, so auch heute, wo es in die neuen Welten ausgeht. Während uns das Weihnachtsevangelium in dem Engelwort »Friede auf Erden« gepredigt wird, wie viele Tausende vernehmen es in der letzten Seligpreisung Jesu: »Selig seid ihr, wenn sie euch schmähen um meinetwillen!« Wenn Asien und Afrika und die Inseln der Südsee erzählen könnten!

Jesus und das Gesetz

Es liegt in der Natur der großen Geister, daß sie die größten Widersprüche in sich tragen können, ohne daß sie sich selbst davon Rechenschaft geben. Je größer ein Denker, desto größer der Zwiespalt zwischen dem Alten, in dem er als Sohn seiner Zeit drin steht, und dem Neuen, das er verkörpert. Es will uns oft unmöglich scheinen, daß sie es selbst nicht merkten, wie sie die enge Welt, in die sie hineingeboren sind, schon gesprengt haben – und doch, sie selbst fühlen es nicht klar, daß das Alte nur noch in Trümmern um sie herumliegt.

So erging es auch Jesus mit dem Gesetz; denn auf die Frage, ob er im Gesetz oder außerhalb des Gesetzes stand, kann man ja und nein zugleich antworten.

Seiner Lebensweise nach steht er ganz im Gesetz drin, so gut wie ein Pharisäer. Er feiert die Feste und hält den Sabbat. Dem Aussätzigen, der reingesprochen werden will, befiehlt er, sich dem Priester zu zeigen und für seine Reinigung darzubringen, was Moses geboten hat (Mark. 1, 44). Die Jünger hatten von ihm den Eindruck, daß er im Gesetz lebte und nichts dawider hatte, denn die erste Gemeinde zu Jerusalem war gesetzestreu. In der Anklage vor dem hohen Rat wird mit keinem Wort erwähnt, daß er gegen das Gesetz aufgetreten sei, und Paulus, der für die Aufhebung des Gesetzes kämpft, beruft sich nirgends auf ein gesetzesfreies Verhalten oder auf ein gesetzesfreies Wort Jesu, sondern er setzt überall voraus, daß Jesus gesetzestreu war: »Geboren vom Weibe und unter das Gesetz getan«, sagt er von ihm in dem Galaterbrief.

Jesus selbst hat seinen *gesetzestreuen Standpunkt* ausdrücklich am Anfang der Bergpredigt betont. »Ihr sollt nicht wähnen, daß ich gekommen bin das Gesetz und die Propheten aufzulösen«, sagt er und fährt fort: »Bis daß Himmel und Erde zergehen, wird nicht zergehen der kleinste Buchstabe noch ein Tüttel vom Gesetz.« »Wer das Gesetz tut und lehret, wird groß sein im Himmelreich.« Das war von ihm wörtlich gemeint. Aber indem er nun fortfährt und ihnen das Gesetz auslegt, wie er es versteht, da wächst das gewaltige *»Ich aber sage euch«* riesengroß über das Gesetz hinaus, und die kleinsten Buchstaben und Tüttelchen fallen davon ab, wie Regentropfen von einer Eiche, die sich im Märzwind reckt.

Atemlos hörten sie ihm zu. Immer wieder löste er den Kahn von dem Pfahl des Gesetzes los; mit wenigen Ruderschlägen trieb er ihn zur engen Bucht hinaus und fuhr mit ihnen dahin auf der freien Flut der wahren innerlichen Sittlichkeit. So kommt er vom Mord zur Bruderliebe, vom Ehebruch zur Herzensreinheit, vom Schwören zur Wahrhaftigkeit, von der Wiedervergeltung zur Feindesliebe, vom falschen Almosen zum wahren Almosen, vom falschen Gebet zum wahren Gebet, vom äußerlichen Fasten zum wahren Fasten. Zuletzt schwindet der Küstensaum, der eben noch am Horizont stand, er knüpft nicht einmal mehr an das Gesetz an, sondern er redet frei vom natürlichen Menschenleben und lehrt, was wahre Schätze, was wahrer Gottesdienst, was wahres Gottvertrauen, was wahre Selbsterkenntnis ist. Und als er zu Ende war, da hatten sie es nicht gemerkt, daß seine Erklärung das Gesetz verschlungen hatte und daß mit jenem »ich aber sage euch«, das nach dem »Ihr habt gehört, daß zu den Alten gesagt ist« kam, die mageren Kühe aus dem Schilf des Gestades erstanden waren und die fetten Kühe aufgefressen hatten.

Jesus stand also noch *äußerlich im Gesetz drin, innerlich war er schon längst darüber hinaus.* Nun gehörten aber damals zum Gesetz nicht nur die in den fünf Büchern Moses aufgezeichneten Bestimmungen, sondern auch das große ungeschriebene, durch die Gesetzeslehre geschaffene Recht, in welchem das Gesetz Moses für alle Fälle des täglichen Lebens zurechtgelegt und ausgedeutet wurde. Dahin sind zu rechnen die Bestimmungen, welche Hantierungen am Sabbat zulässig sind und welche nicht, die Reinigkeitsgebote, die Fastenordnungen und die Anweisungen, wie man von allem Besitz, auch von den kleinsten Gewürzen den Zehnten geben soll. Danach wurde die Frömmigkeit bemessen und das Volk in Atem gehalten. Das geltende Gesetz verhielt sich zum Gesetz Moses ungefähr so, wie die christlichen Dogmen zur Lehre Jesu.

Dabei war nun aber schwer zu sagen, wo die Übertretung der Überlieferung der Alten, des ungeschriebenen Gesetzes, aufhörte und die Übertretung des Gesetzes Moses selbst anfing, denn die Grenze war nicht genau abgesteckt. Es gab gerade zur Zeit Jesu eine freiere Richtung, die sich wohl klar war, daß mit diesem Ausbau des Gesetzes die wahre sittliche Gesinnung vermauert würde. Es wurde über eine Reihe strittiger Fälle disputiert, und gerade in diese strittigen Fälle wurde Jesus hineinverstrickt. Man stellte ihn zur Rede, daß seine Jünger nicht streng fasteten wie die Johannesjünger (Mark. 2, 18, 22), daß sie am Sabbat Ähren ausrauften, was doch gleichbedeutend wäre mit der Erntearbeit (Mark. 2, 23–28), und daß er selbst am Sabbat Heilungen verrichte, was doch gleichbedeutend wäre mit der Ausübung des ärztlichen Berufs (Mark. 3, 1–6). Aber in seinen Antworten weiß er immer zu zeigen, daß er das Gesetz nicht übertreten habe, und manche Rabbinensprüche sprachen ganz für ihn. Sein Wort: »Der Sabbat ist um des Menschen willen gemacht, nicht der Mensch um des Sabbats willen« (Mark. 2, 27) ist nur eine andere Fassung des überlieferten Rabbinenspruchs: »Euch ist der Sabbat, nicht ihr seid dem Sabbat gegeben.« Ebenso gab es einen Spruch, daß, wo es sich um Lebensgefahr handelt, das Sabbatgebot aufgehoben ist. Darauf gründete Jesus das Recht, am Sabbat zu heilen.

Aber trotzdem er in diesen Diskussionen auf dem Standpunkt des Gesetzes zu stehen behauptete, fühlte er doch, wie die Gesetzeslehrer dem Volke ein Garn über den Kopf warfen, darin die Hände und Füße sich verstrickten und die Brust zusammengeschnürt wurde. Ihm selbst schnitten die Stricke in die Knöchel. Da fing er an zu grollen, und als die Aufpasser der Schriftgelehrten von Jerusalem ihn in Galiläa darüber zu Rede stellten, daß seine Jünger im Hunger einmal aßen, ohne die pharisäischen Waschungen zuerst verrichtet zu haben (Mark. 7, 1–23), da brach das Gewitter los. Nun wird er selbst Ankläger und wirft ihnen vor, daß sie unter ihren Vorschriften das Gebot Gottes begrüben. Das Volk rief er zu Zeugen wider sie an, daß *nichts Äußerliches den Menschen verunreinigt, sondern die Gedanken des Herzens* – und das hatten ihnen die Gesetzeslehrer nie gesagt.

Mit diesem Ausspruch von der Bedeutungslosigkeit äußerer Zeremonien *war Jesus eigentlich auch mit dem Gesetz fertig*. Aber er zog eben die Konsequenz nicht, sondern er glaubte sich immer noch nur in Auflehnung gegen die starren Satzungen der Väter und gegen die geistlosen Gesetzeslehrer. Als er nach Jerusalem kam, rechnete er mit ihnen ab in der leidenschaftlich heftigen Rede gegen die Pharisäer und Schriftgelehrten, die sich auf Mosis Stuhl gesetzt haben (Matth. 23). Sausend fällt die Geißel auf den Rücken derer, die dem Volk unerträgliche Binden binden; die sich auf dem Markt als Rabbi grüßen lassen; die der Witwen Häuser fressen; die lehren, daß es ein Unterschied sei, ob man beim Tempel oder beim Gold des Tempels schwört; die Gewürzlein verzehnten und nicht wissen, was Barmherzigkeit ist; die Becher und Schüssel rein halten und ein unreines Herz haben; und doch, ehe er so gegen sie einherfährt, verwahrt er sich ausdrücklich dagegen, als ob er etwa in ihnen das Gesetz und die Vorschriften der Väter treffen wollte. »Alles nun, was sie euch sagen, daß ihr halten sollet, das haltet und tut's« – mit dieser Vermahnung, die also noch die ganzen pharisäischen Satzungen in sich schließt, leitet er seine Rede ein.

Im Kampf mit den Pharisäern ist er also dennoch *gesetzestreu* geblieben bis zum letzten Tag. Vielleicht, wenn er noch länger gelebt hätte, wäre er wohl zum offenen Bruch mit dem Gesetz getrieben worden, wie die Reformatoren, die anfangs auch nur Mißstände der Kirche bekämpfen wollten, zum Bruch mit der katholischen Lehre kamen.

Und dennoch glaubte er an das *Ende des Gesetzes.* Bis daß Himmel und Erde vergingen, sollte es bestehen, hatte er in der Bergpredigt gesagt: das heißt bis zum Gericht und zum Anbruch des Reiches Gottes. Das stand aber alles nahe bevor. Weil er nun wußte, daß im kommenden Reiche Gottes das Gesetz aufgehoben sein würde, fühlte er kein Bedürfnis, es jetzt noch, in der letzten Stunde außer Kraft zu setzen. Es war ihm, als wandelte er durch den Wald im Frühlingserwachen, wo das dürre Laub noch an den knospenden Zweigen raschelte. Sinnend ging er hindurch und nicht reckte er die Hand, es abzureißen; er horchte nur auf das Leben, das sich ankündigte und wußte: wenn das Leben ausbricht, dann wird das dürre Laub von selbst fallen, in einer Nacht, und am Morgen wird es am Boden liegen. Das ist die kraftvolle Pietät der großen Geister gegen das Alte: sie wecken neues Leben und überlassen es der Zukunft, daß das entfaltete Leben die alte Form zerstöre. Ist das nicht gerade das Große an ihnen, daß sie die Uhr nicht vorrichten?

Jesus und die Heiden

»Und er stand auf und ging von dannen in die Grenze Tyrus und Sidon«. Galiläa ließen sie hinter sich und stiegen von den Höhen herab: da lag vor ihnen das weite, weite Meer und die Segel zogen darüber hin und verschwanden in der nebelhaften Ferne. Jesus sah ihnen nach: sie zogen nach Ephesus, nach Athen, nach Korinth, nach Rom und nach Spanien. Dachte er daran, daß dieselben Segel sein Evangelium über das Meer hin tragen würden in jene Welt, welche hinter der untergehenden Sonne lag? Und als er am Hafen entlang ging und die Schiffe bereit lagen, kam ihm nicht der Gedanke, daß eines für ihn bereit läge? – Nein, er stieg nicht auf ein Schiff, sondern ging in ein Haus, und während aus dem Getümmel des Hafens heraus die Welt nach ihm rief, schloß er sich ein, um unbekannt zu bleiben. *Er wollte nicht unter den Heiden predigen!*
Das ist etwas, was uns schwer begreiflich, fast ein Anstoß ist. Wir erkennen unsern Jesus gar nicht mehr in der Geschichte mit dem kananäischen Weib, die sich damals im Gebiet von Tyrus und Sidon ereignete (Mark. 7). Warum

läßt er sie so bitten, da er doch nicht anders kann als mit der betrübten Mutter Mitleid haben? »Es ist nicht schön, daß man den Kindern das Brot nehme und werfe es vor die Hündlein«, sagt er ihr. Das soll nicht etwa eine Glaubensprobe für das Weib sein, denn da hätte er anders mit ihr geredet, sondern es heißt: Ich kann nicht, ich darf nicht helfen, denn ich bin nur gesandt zu den verlornen Schafen aus dem Hause Israel. Aber das Weib wußte ihm zu antworten; die Mutterliebe und die Angst machten sie erfinderisch, und so überwand sie ihn mit seinen eigenen Gründen. Da sie ihm vorhielt, wie die Hündlein die Brosamen essen, welche die Kinder unachtsam vom Tisch fallen lassen (Mark. 7, 28), da gab er sich freudig gefangen und half.

Warum war er aber so ablehnend gewesen? Er hatte es doch schon früher erfahren, daß auch außerhalb Israels Glaube vorhanden sei; hatte er doch von einem römischen Offizier, dem Hauptmann von Kapernaum, gesagt: »Wahrlich, ich sage euch, solchen Glauben habe ich in Israel nicht gefunden« (Matth. 8). Und doch geht er nicht hinaus zu den Heiden. Ja noch mehr. Als er die Jünger aussandte, das Evangelium zu predigen, verbot er ihnen ausdrücklich, in einen Heiden- oder Samariterort zu gehen, und fängt mit diesem Verbot die Aussendungsermahnungen sogar an. »Gehet nicht auf der Heiden Straße und ziehet nicht in der Samariter Städte. Gehet vielmehr hin zu den verlorenen Schafen aus dem Hause Israel!« (Matth. 10, 6 u. 7). Ist das nicht eine harte Rede? Wer kann sie hören?

Es scheint uns unbegreiflich, daß Jesus in dieser Hinsicht gerade so »engherzig« – wie wir heute sagen würden – gewesen ist, wie seine Zeitgenossen. Am liebsten möchten wir diesen Zug seines Wesens gemildert sehen. Nun hat einer der Evanglisten uns einen solchen heidenfreundlichen Jesus geschildert; es ist Lukas. Während der Herr bei Markus und Matthäus, wie es alle gläubigen Juden taten, auf der Reise von Galiläa nach Jerusalem einen Umweg machte, um nicht durch Samaria zu reisen, wählte er nach dem Evangelisten Lukas gerade diesen Weg (Luk. 9, 51 u. 52) und hält sich in Samariterstädten auf. Als die Jünger eines Abends, da man sie in einem Samariterflecken nicht aufnahm, Feuer vom Himmel auf den Ort herabwünschten, verwies er es ihnen (Luk. 9, 55). Einen Samariter stellt er als Beispiel der wahren Barmherzigkeit auf; ein anderer Samariter ist der einzig dankbare unter den geheilten Aussätzigen; von Zachäus dem Zöllner sagt er, daß auch dieser ein Sohn Abrahams sei. Alle diese Züge finden sich nur beim Evangelisten Lukas. Darum fehlt bei ihm auch das Verbot an die Jünger, in eine Heidenstadt zu gehen (Luk. 9); ja, Jesus sendet nach den 12 Jüngern noch 70 andere aus (Luk. 10), nach den 70 Heidenvölkern, die man im Alten Testament zählt.

So *heidenscheu* unser Herr also nach dem Evangelisten Matthäus ist, so *heidenfreundlich* ist er nach dem Evangelisten Lukas. Diese doppelte Färbung des Jesusbildes rührt daher, daß es in der ältesten Kirche zwei Parteien gab, eine judenchristliche und eine heidenchristliche. Lukas, der mehr vom Standpunkt der Heidenchristen aus schreibt, hebt mehr die heidenfreundlichen Züge an Jesus hervor und folgt dabei vielleicht einer Überlieferung, die manche Geschichten, die sich in Galiläa ereignet haben, nach Samaria verlegt, während der Evangelist Matthäus vielmehr diejenigen Worte und Handlungen betont, in denen sich Jesus als strenger Jude zeigt. Man erlebt ja solche Unterschiede immer, wenn zwei Parteien dieselbe Person in Anspruch nehmen.

Die Wahrheit liegt in der Mitte. Jesus war seinem Verhalten nach abschließend den Heiden gegenüber, wie ein richtiger Jude, und nur ganz ausnahmsweise verkehrte er mit ihnen. Er war also nicht im entfernten der aufgeklärte Bekämpfer nationaler Vorurteile, wie wir ihn uns gerne vorstellen möchten. Andererseits aber war er so weit davon entfernt, den Heiden die Seligkeit abzusprechen und sie für untauglich zum Reiche Gottes zu halten, daß er im Gegenteil immer wieder darauf hingewiesen hat, daß sie einst an Stelle des Volkes Israel in das Reich Gottes eingehen würden. So weissagt er, nachdem er den Glauben des Hauptmanns von Kapernaum gesehen: »Viele werden kommen vom Morgen und vom Abend und mit Abraham, Isaak und Jakob zu Tische liegen im Reiche Gottes; aber die Kinder des Reiches werden hinausgestoßen in die äußerste Finsternis, da wird sein Heulen und Zähneklappern« (Matth. 8, V. 11 u. 12). Dasselbe drückt der Herr aus im Gleichnis von der königlichen Hochzeit: Die Geladenen kommen nicht, dafür aber schickt der Herr hinaus auf die Straße und läßt die Bettler hereinrufen. Das Gleichnis aber von den Arbeitern im Weinberg beschließt er mit den Worten: Die Letzten werden die Ersten sein, und die Ersten werden die Letzten sein.
Es ist also hier wie bei dem Gesetz: Innerlich ist Jesus weit über die jüdische Abgeschlossenheit hinaus, die er äußerlich noch beobachtet. Dieser Zwiespalt lag aber nicht nur in ihm, sondern in der jüdischen Religion selbst. Trotzdem sich das Volk sehr abschließend den Heiden gegenüber benahm und jede Berührung mit ihnen vermied, so erwartete man dennoch, daß auch die Heiden einst den wahren Glauben annehmen würden und daß es schon jetzt unter den Heiden solche gäbe, die Gott dienten. Solche Stellen finden

sich besonders in den letzten Kapiteln des Prophetenbuchs Jesaja. Im Propheten Sacharja aber steht geschrieben: »Also werden viele Völker und die Heiden mit Haufen kommen, zu suchen den Herrn Zebaoth zu Jerusalem, zu bitten vor dem Herrn. So spricht der Herr Zebaoth: Zu der Zeit werden zehn Männer aus allerlei Sprachen der Heiden einen jüdischen Mann bei dem Rockzipfel ergreifen und sagen: ›Wir wollen mit euch gehen, denn wir hören, daß Gott mit euch ist‹« (Kap. 8)

Dieser Gedanke der Bekehrung der Heiden war auch zu Jesu Zeit sehr lebendig unter den Schriftgelehrten. Die Pharisäer trieben Mission unter den Heiden und sammelten Judengenossen, das heißt Leute, die sich dem jüdischen Gottesglauben anschlossen, ohne das ganze Gesetz anzunehmen. Jesus tadelt sie sogar ob ihres nur auf das Äußerliche gerichteten Missionseifers in der großen Rede, die er in Jerusalem gegen sie hielt, indem er sagt: »Wehe euch Schriftgelehrten und Pharisäern, ihr Heuchler, die ihr Land und Wasser umziehet, daß ihr einen Judengenossen machet« (Matth. 23). Er selbst beschäftigte sich mit den Heiden nur, wenn sie ihn gläubig aufsuchten.

Das ist eben etwas Zwiespältiges, was uns an Jesus so schwer begreiflich ist: Auf der einen Seite sind ihm auch die Heiden Gäste des Himmelreiches; auf der andern tut er nichts, um sie zu bekehren. Sicher hat hier die Erwartung des nahen Weltendes mitgewirkt, die ja Jesus mit seinen Zeitgenossen teilte. Es war eben keine Zeit mehr, meinte er, das große Werk zu unternehmen, den Heiden das Evangelium zu predigen. Oder besser noch: Er überließ es Gott, wie er die Heiden zum Glauben führen wollte. Seine innere Stimme sagte ihm, daß er geschickt sei, dem Volk Israel zu predigen, und er folgte diesem Auftrag. Auf den See

Genezareth mit den Fischerkähnen, nicht auf das große Weltmeer mit den weitsegelnden Schiffen richtete er seinen Blick. Er überließ es den Pharisäern, »Land und Wasser zu umziehen«.

Hinter dem, was uns, äußerlich betrachtet, fast als jüdische Engherzigkeit erscheint, steht also noch etwas anderes: kraftvolle Selbstbeschränkung und mutvolles Gottvertrauen. Es liegt eine Kraft in dieser Zurückhaltung. Was wäre aus dem Christentum geworden, wenn schon Jesus den Apostel Paulus gemacht hätte? Noch nicht gefestigt und ausgereift, wäre seine Lehre in der Religionsmengerei, wie man sie damals betrieb, untergegangen. Jesus aber hat keine unreifen Früchte ausgesät. Das ist eben der große Unterschied zwischen ihm und uns modernen Menschen. Wie viele herrliche Ideen und Unternehmungen sind in unserer Zeit verkümmert, weil die Frucht, aus der sie gezogen, nicht reif war! Ehe etwas innerlich fertig ist, geben wir es in die Welt hinaus und müssen es dann erleben, wie es zerstiebt und zerstäubt. Zu Hunderten laufen bei uns die Menschen herum, die sich zu bedeutend und zu groß vorkommen, weil sie in einen kleinen Wirkungskreis hineingestellt sind, die meinen, daß ihr Leben spurlos vorübergeht, wenn es sich nicht vor der großen Welt abspielt, und die fürchten, daß sie umsonst gewirkt haben, wenn sie nicht in die Speichen des Rades der Weltgeschichte eingreifen. Es gibt gar viele Menschen in unserer Zeit, die etwas wirken könnten, wenn sie nicht ihren Atem und ihre Kraft aufbrauchten, um ihrem vergrößerten Schatten nachzulaufen. Und der Mensch, der die Welt aus den Angeln gehoben hat, dessen Wort weiter reicht als das von Kaisern und Königen, der uns die Weltreligion offenbart hat: er wirkte in dem kleinen Galiläa! In der Welt wußte man nichts von ihm; die Geschichtsschreiber jener Zeit erwähnen seinen Namen nicht und die Philosophen kannten ihn nicht. Und doch, was er tat und was er redete, ist vor der ganzen Welt offenbar geworden, obwohl er selbst nichts dafür getan, nicht einmal einen Griffel angerührt hat, und sein Wirken ist kraftvoll wachsend über die ganze Welt ausgegangen, als die Apostel die Körner aus den Ähren, welche er in Galiläa hatte reifen lassen, in die Welt aussäten, da Gott wider ihr eigenes Erwarten die Weltzeit verlängerte. Es ist, als ob das innerste Gesetz der Weltgeschichte offenbar würde in jener plötzlichen Ausbreitung des Christentums über die ganze Welt, zu der Jesus gar nichts getan und zu der er sich fast gleichgültig, ja ablehnend verhielt. Er selbst hat den prophetischen Ausdruck für dieses Gesetz gefunden, da er sagt: »Es ist nichts verborgen, das nicht offen bar werde« (Mark. 4). Das war damals so und ist heute noch so; denn die geistigen Naturgesetze sind ewig. Es ist kein Kreis zu klein, daß nicht das Größte drin gewirkt werden könnte, und keine Kraft, die in Wahrhaftigkeit und Gottvertrauen tätig ist, geht verloren, sondern, wenn sie wirkliche Kraft ist, wirkt sie auf die ganze Welt, wenn ihre Zeit kommt. Ist das nicht ein Wunder? Nein, mehr als ein Wunder – ein Mahnen; und mehr als ein Mahnen – ein Trost.

Jesus und die Reichen

Man hört oft sagen, daß Jesus mit manchen seiner Anschauungen nicht mehr in unsere Zeit passe. In keiner Frage aber empfinden wir es so unmittelbar, daß er in einer andern Zeit und in einer andern Welt gelebt hat, als in der Frage nach Besitz und Reichtum, denn er redet mit einer solchen Geringschätzung nicht nur vom Reichtum, sondern vom Besitz überhaupt, daß es uns schwer wird, sich in seine Gedanken zu finden. In dieser Hinsicht ist er so radikal, wie man nur sein kann. Jeder Besitz ist vom Übel, und das Vermögen ist nur da, um in Almosen verausgabt zu werden. Diesen Gedanken spricht er in der Bergpredigt ohne Verhüllung aus (Matth. 6). Schätze im Himmel soll man sich mit den irdischen Gütern anlegen, »denn wo euer Schatz ist, da ist auch euer Herz«. Gott und dem Mammon kann man nicht zugleich dienen. Sich zu sorgen um Essen und Trinken und Kleidung, ist Heidenart. Darum leben die Frommen sorglos wie die Vögel unter dem Himmel und die Lilien auf dem Felde und warten, daß Gott sie erhalte. Ihre Sorge geht nicht bis zum kommenden Tag, denn der morgende Tag wird für das Seine sorgen. Nur für das »Heute« sollen sie im Vaterunser das Brot erbitten. Erst wenn sie so mit dem Irdischen äußerlich und innerlich fertig sind, dann sind sie frei für das Reich Gottes. Darum nimmt er keine Rücksicht: ob Haus und Hof verlassen stehen, ob die Arbeit ruht, ob der Pflug auf dem Felde rostet und die Ernte auf dem Boden fault, was liegt ihm dran? Und der reiche Jüngling muß seine Habe verkaufen und den Armen geben, sonst ist seine Frömmigkeit nicht von der rechten Art (Mark. 10).

Der Evangelist Lukas berichtet von Aussprüchen und Gleichnissen, wo der Herr sich noch viel stärker gegen den Besitz ausspricht. Er bricht in Wehrufe über die Reichen aus (Luk. 6, 24 u. 25); dem Jünger, der ihm folgen will, erlaubt er nicht einmal sein Haus zu bestellen (Luk. 9, 61 u. 62), und den Mann, der sich seiner Ernte freut und seine

Scheune vergrößern will, schilt er einen Narren (Luk. 12, 13–21); dafür aber stellt er den ungerechten Haushalter, der sich mit seines Herrn Geld betrügerisch gute Freunde macht, als ein Muster hin (Luk. 16, 1–12) und schildert, wie der arme Lazarus in Abrahams Schoß getragen wird, während der Reiche, der sein Gutes empfangen hat, gepeinigt wird (Luk. 16, 19–31).

Zu dieser Mißachtung jeglichen Besitzes ist der Herr *nicht aus Haß* gegen die Reichen gekommen, denn er liebte den reichen Jüngling. Und der Reiche in der Geschichte vom armen Lazarus gedenkt mitten in der Höllenpein seiner fünf Brüder und möchte sie vor dem gleichen Schicksal bewahren: Ist das nicht ein wundervoller Zug, den ihm der Herr beilegt? Aber Jesus hat *Angst* für die Reichen, und darum haßt er den Besitz. Als der reiche Jüngling traurig davon ging, rief er aus: Wie schwerlich werden die Reichen in das Reich Gottes kommen! und da die Jünger sich entsetzten, überbot er sein eigenes Wort noch und sagte: Es ist leichter, daß ein Kamel durch ein Nadelöhr gehe, denn daß ein Reicher ins Reich Gottes komme.

Zu dieser Geringschätzung allen Besitzes hat noch der Umstand mitgewirkt, daß Jesus in einem Lande gelebt hat, unter dessen blauem Himmel die Bedürfnislosigkeit, die er in der Bergpredigt verkündigt, möglich war, wo jeder auf dem Acker, den er antraf, das Recht hatte, nach seinem Hunger zu nehmen, was er fand, und wo es keinen Winter gab. Hätte Jesus ebenso geredet vor den Arbeitern einer unserer Fabrikstädte an einem trüben und kalten Wintertag?

Zu der gütigen Natur kam ferner noch die morgenländische Gewohnheit des Almosens; Jesus selbst und seine Jünger lebten von der Mildtätigkeit, und er findet auch nichts dabei, daß die andern, die sich um ihn scharen, mit Almosen ihr Leben erhalten. Das fromme Bettlerleben gehört eben zur religiösen Anschauungswelt des Morgenlandes, zu der Zeit Jesu wie noch heute. Auch hier haben sich die Anschauungen verändert, denn für uns gehören Frömmigkeit und Arbeit zusammen, und wenn wir in den Evangelien etwas vermissen, so ist es ein Wort an die arbeitenden Menschen.

Zu der gütigen Natur und zu der Gewohnheit des Almosens kommt aber noch ein drittes – und das ist die Hauptsache –, die Erwartung des nahen Weltendes. Aller Reichtum, aller Besitz, ja alle irdische Beschäftigung ist für Jesus und seine Jünger nur eine Behinderung, weil ja alles Irdische in Bälde vergeht. Darum, je eher man davon loskommt, desto besser, denn die Gedanken werden dadurch vom Himmlischen abgelenkt. Wenn es in den Seligpreisungen bei dem Evangelisten Lukas heißt: Selig sind *die Armen* (statt die *geistig Armen*), so ist das nicht gegen Jesu Gedanken, denn er meint wirklich, daß der Arme es leichter hat, in das Reich Gottes zu kommen als der Reiche.

Nun haben sich aber seit 20 Jahrhunderten die Verhältnisse geändert. Die Bedürfnislosigkeit, die Jesus predigte, ist noch möglich in manchen paradiesischen Gegenden – und nicht zum Vorteil ihrer Bewohner –, aber nicht bei uns. Auch in betreff des Almosens denken wir anders. Es ist für uns nur ein Notbehelf, denn die Notleidenden dürfen mehr von uns verlangen als Almosen: gerecht bezahlte Arbeit, richtige Versorgung der Invaliden, Kranken und Arbeitslosen und menschenwürdige Wohnungen. Unser Bestreben muß darauf gehen, das gedankenlos ausgeteilte Almosen überflüssig zu machen. Die Erwartung des nahen Weltendes, durch welche die Arbeit und die irdischen Güter wertlos gemacht wurden, ist vollends geschwunden. Wie würde sich nun Jesus in dieser neuen Welt der Arbeit und der Industrie zu dem Besitze und dem Reichtum stellen? Bis zu welchem Maße würde er seine Worte von der Unnötigkeit und Verderblichkeit des Besitzes aufrecht erhalten? *Wäre er Sozialist geworden? Ja und nein.* Ja, denn sein Herz hätte ihn mit allen denjenigen vereint, denen die Linderung der unendlichen Not Herzens- und Lebenssache ist, und ob dabei eventuell der bisherige Besitzstand auf den Kopf gestellt worden wäre, hätte ihm nicht allzu große Sorge gemacht, denn wenn einer es der Welt in allen Tönen gesagt hat, daß die Ideen stärker sind als die Verhältnisse, so war er es. – Nein, denn die Frage nach dem Besitz war für ihn mehr als eine soziale Frage, nämlich eine religiöse. Er hat es nicht mit der menschlichen Gesellschaft, sondern mit dem Einzelnen zu tun, und diesen fragt er, ob arm oder reich, wie sein Herz zu den Gütern dieser Welt steht? Wer kann sagen, wie er sich entschieden hätte, wenn er unserer Zeit erstanden wäre?

Eins ist sicher: Weder die Besitzenden noch die Sozialisten dürfen sich auf den ganzen Jesus berufen. Die Besitzenden nicht, weil er sie mit der einen Frage, was sie denn für die Notleidenden getan haben, zum Schweigen brächte; die Sozialisten nicht, weil für ihn das Soziale selbstverständliche Nebensache wäre und das Religiöse die Hauptsache.

Weil sich nun die Welt und die Verhältnisse geändert haben, steht uns das Recht zu, uns die Forderungen Jesu auf die heutigen Zustände zurechtzulegen? Ja, wir haben es ja tatsächlich schon getan, denn sonst dürften wir überhaupt keinen Besitz anerkennen. Von selbst wird der Pfarrer auf der Kanzel und jeder in seinem eigenen Herzen von der Sorglosigkeit, die Jesus predigt, vor allem das unbedingte

Gottvertrauen behalten und in dem Gebot, allen Besitz in Almosen zu verausgaben, vor allem die wahre Opferfreudigkeit betonen. Wir alle glauben uns also berechtigt, zu entscheiden zwischen der Form jener Worte Jesu und ihrem unveränderlichen geistigen Gehalt.
Es ist aber ein gefährliches Experiment, alten Wein umzufüllen, denn man verschüttet leicht davon und oft verdirbt er. Seien wir ganz, ganz ehrlich mit uns selbst. Haben wir nicht zu viel guten Willen und zu viel Geschick in dem Zurechtlegen der Worte Jesu auf unsere Verhältnisse? Hobeln wir das Brett nicht zu dünn? Würzen wir uns nicht ein Schlaftränklein, um uns bei den heutigen Zuständen zu beruhigen? Wenn man Jesu Forderungen hübsch glattgestrichen hat, daß man sie bequem in unsere modernen Verhältnisse hineinfalten kann – zuletzt geht es doch nicht. Wenn man alle Unterschiede zwischen damals und jetzt in Betracht gezogen hat und sich noch so vernünftig vorhält, daß er so geredet habe, weil man in seiner Zeit das Weltende erwartete – beim letzten Zug überdreht sich die Schraube und man muß wieder von vorn anfangen. Wir können tun, was wir wollen, wenn wir gegen uns selbst wahrhaftig bleiben, werden wir nicht fertig mit seinen Worten. »Ihr könnt nicht Gott dienen und dem Mammon«, »nach dem allem trachten die Heiden«. »Eines fehlt dir, verkaufe alles was du hast«: das ist stärker als alle unsere Ermäßigungen und alle unsere Umdeutungsversuche, und wenn man es heruntergedrückt hat, dann schnellt es wieder empor wie eine stählerne Feder. Wenn Jesus wiederkäme, in diesem Punkte wird er genau wieder so reden wie damals und von unserer Gesellschaft und uns selbst viel mehr fordern als wir ihm zugestehen wollen, nicht das *Maßvolle*, sondern das *Maßlose*. Ihr dürft nichts für euch

haben, sondern ihr müßt alles für die andern verwenden: darin würde er kein Haar nachlassen.
Es gibt keine Versöhnung zwischen Jesu Forderungen und unsern bürgerlich weltlichen Anschauungen, auch wenn sie etwas mit christlichem Sauerteig durchsäuert sind. Was hilft es, daß wir Jesu Worte mit den Stricken der modernen und modernsten Auslegung binden? Es hilft doch nichts, sie zerreißen, und dann fallen seine Forderungen die Menschen an und tun ihnen Gewalt an, und jeder muß für sich sehen, wie er mit ihnen fertig wird. Und wer über diesen innern Zwiespalt hinausgekommen ist, der ist nicht glücklich, sondern tot.
Jesus hat gesagt: Ich bin nicht gekommen, den Frieden zu bringen, sondern das Schwert. Wer wagt es, die Schwerter stumpf zu machen?

Jesus und der Staat

Welche Stellung nimmt die Religion Jesu zu unseren heutigen gesellschaftlichen Zuständen ein, zum Staat, zur Familie, zum Erwerb, zur Rechtspflege, zu den sozialen Einrichtungen und zum Kriegsdienst? Das ist schwer klar zu sagen, denn Jesus hat sich über die meisten dieser Fragen nicht geäußert. Er stand unter dem Eindruck der Erwartung des Weltendes, und darum hatten die irdischen Einrichtungen nur ganz nebensächliche Bedeutung für ihn. Sie fielen ja bald in sich selbst zusammen. So stand vieles, das für uns etwas mit Religion zu tun hat, außerhalb seiner religiösen Betrachtungsweise, und für viele Fragen sucht man bei ihm vergebens eine klare Entscheidung. Er hat sie eben nicht gekannt.

Was hat Jesus über den *Staat* gedacht?

Die Zustände, die er vorfand, waren dazu angetan, ihm den schlechtesten Begriff vom Staate zu geben, den man überhaupt haben kann. Vom römischen Reiche erfuhr er in seiner Jugend zuerst die Greueltaten seiner Statthalter in Palästina. Bei der Vorstellung irdischer Gewalt hatte er die Galiläer vor Augen, deren Blut Pilatus mit ihren Opfern vermischt hatte (Luk. 13). Die Wohltat des Staates: das waren die Steuereintreiber, welche das Volk plünderten, um die römische Geldaristokratie zu bereichern. Die Gerechtigkeit: das waren die grausamen Verfolgungen, welche er seinen Jüngern in Aussicht stellt (Matth. 10). Das Staatsoberhaupt: ein wankelmütiger und genußsüchtiger Herodes, dessen ganzes Streben darauf ausging, durch Schmeichelei und Unterwürfigkeit der römischen Regierung zu Gefallen zu sein und es mit den Priestern in Jerusalem nicht zu verderben. Das war Jesu Vaterland. Ist es verwunderlich, daß er von Herodes verächtlich redet und ihn einen Fuchs nennt (Luk. 13) und daß die Staatsgewalt für ihn eben nur brutale Gewalt ist? Ihr wisset, sagt er zu den Jüngern, daß die weltlichen Fürsten herrschen und die Mächtigen unter ihnen haben Gewalt. Aber so soll es unter euch nicht sein (Mark. 10, 42).

Und doch, größer als die Abneigung war bei ihm die Gleichgültigkeit oder, besser gesagt, die gleichgültige Unterwerfung. Wenn jemand Aufruhr gepredigt hätte, Jesus wäre ihm entgegengetreten und hätte gesagt: Gewalt soll man nicht mit Gewalt bekämpfen. Darum befiehlt er dem Petrus, sein Schwert in die Scheide zu stecken, gibt seine Hände hin zum Fesseln und steht während der ganzen Ge-

richtsverhandlung schweigend da. Was er über den Staat denkt, liegt klar ausgesprochen in seiner Antwort auf die Frage nach dem Zinsgroschen, da die Pharisäer ihn fangen wollten (Mark. 12). Gebt dem Kaiser, was des Kaisers ist, und Gott, was Gottes ist, das heißt: Religion und Staat haben nichts miteinander zu tun. Wie wollt ihr göttliche Macht und irdische Gewalt zusammenspannen?
Das war von dem heidnischen Staat gesagt; nun sind die Staaten selbst christlich geworden. Wie würde Jesus über den *christlichen* Staat urteilen? – Gewiß, er würde sich freuen über die Besserung der irdischen Gewalt durch christliche Grundsätze, und er würde das nicht unterschätzen, was ein Staat, in dem christlicher Geist ist, für das Reich Gottes tun kann; aber er würde doch viel strenger prüfen und viel strenger richten als wir und auf den christlichen Staat seine Hoffnung *nicht* setzen. Staat heißt Zwang und Gewalt, heute noch wie damals. Wo aber Zwang und Gewalt ist, da ist Gefahr für die Religion, doppelt Gefahr, wenn die Religion den Namen und die Berechtigung zur Gewalt hergeben muß oder zuletzt gar selbst auf Gewalt ausgeht. Hätte Jesus geahnt, daß einst Staat und Religion sich verbünden würden, er hätte Angst gehabt für seine Religion. Was hat sie auch erdulden müssen, seine Religion, seit den Tagen, da der Kaiser Konstantin das Christentum zur Staatsreligion erhob! Wie haben sich ihre Züge verzerrt, da sie bald, vergewaltigt, irdischen Zwecken dienen mußte, bald gewalttätig irdische Zwecke verfolgte! Welcher Staat und welche Konfession würden nicht unter dieses Gericht fallen? Was würde er zum bewußten oder unbewußten und besonders zu dem geistlosen Mißbrauche des Christlichen in den heutigen Staaten sagen? Und was zu der Politik und den Kriegen der christlichen Staaten?

Die Staaten haben sich verändert. Jesu Worte sind geblieben. Gebt dem Kaiser, was des Kaisers ist, und Gott, was Gottes ist; das ist heute noch gerade so wahr wie damals, ja durch die Irrungen aller Konfessionen durch Jahrhunderte hindurch aufs Erschütterndste bestätigt. Eines ist sicher: Jesus würde unbedingt für die Trennung von Kirche und Staat eintreten und uns die Zeichen der Zeit dahin deuten lehren. *Religion ist Privatsache:* diesen Satz würde er sicher aufstellen, nicht als eine *Forderung der Gleichgültigkeit*, sondern der *Frömmigkeit*. Wenn man ihm auch vorstellte, welche Krise heraufgeführt wird über unsere Welt durch die Lösung der geschichtlichen, der wirtschaftlichen, der politischen und sozialen Bande, welche in unserer Zeit die Religion und den Staat verbinden, es würde keinen Eindruck auf ihn machen; denn, was hat das alles zu besagen, neben dem Ziel, das in der Zukunft liegt, daß Religion wieder *nur Religion ist*? So kehren durch Jahrhunderte geschichtlicher Entwicklung Jesu Worte neu strahlend wieder, wie Kometen, die entschwunden waren.
Wie würde er sagen? – Ich will *keinen christlichen Staat*, ich will einen *Staat von Christen*.

Lebensernst und Lebensfreudigkeit

Die Gegner sehen oft am klarsten. Was Wunder, daß die Pharisäer den Unterschied zwischen Jesus und Johannes dem Täufer bald erfaßt hatten und dem unbequemen Propheten aus Nazareth seine Lebensfreude zum Vorwurf machten.

Es liegt wahrlich viel *Lebensfreude* in Jesu Wesen. Er war kein einsamer Mensch, sondern er hatte Freunde; wenn man ihn zum Mahle einlud, kam er, und wenn er jemand sah, der ihm gefiel, bei dem lud er sich selbst ein, wie es dem Zachäus widerfuhr (Luk. 19). Beim Mahle aber war er fröhlich, aß und trank und redete heiter-ernste Dinge. So schließt auch sein Gleichnis vom verlornen Sohn mit einem Freudenmahl, und der fröhliche Gesang ertönt weithin über das Feld.

Wenn die Pharisäer Jesum einen Fresser und Weinsäufer nannten (Matth. 17), so nahmen sie Rache an ihm, weil er von ihrer frommen Griesgrämigkeit nichts wissen wollte und über die unnötigen schweren Lasten schalt, die sie den Leuten auferlegten. Für ihn hat ein Fasten mit sauren Gesichtern keinen Wert, wie er überhaupt seinen Jüngern, im Unterschied zum Täufer, kein Fasten auferlegte (Mark. 2); was er verlangt, ist ein lustiges Fasten mit lachendem Antlitz (Matth. 6). Aus diesem schönen Spruch der Bergpredigt klingt ein silbernes Lachen heraus. Ja, er konnte lachen! Lachenden Auges schaute er in die Natur hinaus und sah, daß sie schön war. Die Schriftgelehrten phantasierten aus der Schrift über die Herrlichkeit und den Reichtum des Königs Salomo, er aber lobte sich seine Freunde, die lachenden Lilien und die vergnügten Vögel. Viele seiner tiefsten Worte umspielt eine heitere Schalkhaftigkeit, wie sie eben nur die Menschen haben, die lächelnd beobachten. Wie mag es seine Mundwinkel umzuckt haben, ehe er das Tischgespräch über die Leute, die obenan sitzen wollen, begann (Luk. 14)?

Seine Augen konnten lachen; sie konnten auch Blitze schleudern; aber griesgrämige Falten lagen keine darum. Jesus war kein Pessimist; dazu liebte er das Leben zu sehr, und zwar das heitere, hoffnungsvoll lächelnde Leben, wie es aus den Kindern herausschaut. Als er müde und traurig jenen Abend auf der Reise nach Jerusalem aus dem Zelte heraustrat und die Kindlein herzte und küßte – das war der Augenblick seiner größten Lebensheiterkeit.

Aber neben dieser Lebensheiterkeit steht, unvermittelt, ein unerbittlicher, düsterer *Lebensernst*, der in seinem eigenen Leben zu Szenen geführt hat, die wir noch heute peinlich empfinden. Als seine Mutter und Brüder kamen, wußte er, daß sie ihn zurückbringen wollten ins Vaterhaus zum stillen Handwerk. Er aber ging nicht zu ihnen hinaus, noch ließ er sie ins Haus hereinkommen zu sich; ohne sie gesehen zu haben, ohne ein freundliches Wort an seine Mutter ließ er sie gehen. Für ihn waren alle Bande mit ihnen gelöst, von dem Augenblick an, wo sie ihn von seiner göttlichen Mission hatten zurückhalten wollen. Was mögen das für monatelange Kämpfe gewesen sein, die er mit den Seinen durchgerungen, ehe er sie verließ, um den Täufer aufzusuchen und sich den »Gläubigen« anzuschließen? Es ist unmöglich, ohne die tiefste Ergriffenheit die Worte zu lesen, in denen er sich von seiner Familie lossagt. »Wer ist meine Mutter und meine Brüder? Und er sahe rings um sich auf die Jünger, die im Kreise saßen, und sprach: Siehe, das ist meine Mutter und meine Brüder, denn wer Gottes Willen tut, der ist mein Bruder und meine Schwester und meine Mutter« (Mark. 3).

Eine gebückte und gebrochene Frau führten sie das Gebirge hinauf gen Nazareth zu. Drunten im Volk aber erhob ein Weib die Stimme und sprach zu Jesu: Selig ist der Leib, der dich getragen, und die Brüste, die du gesogen hast! Er aber antwortete: Ja, selig sind, die Gottes Wort hören und bewahren (Luk. 11).

In dem Augenblick also, wo die Bande der Familie einen Menschen von etwas zurückhalten könnten, das er aus innerem Drang für das Reich Gottes tun muß, existieren sie nicht mehr. »Wer Vater oder Mutter mehr liebt, denn mich, der ist mein nicht wert, oder wer Sohn oder Tochter mehr liebt, denn mich, der ist mein nicht wert« (Matth. 10, 37). So kommt es, daß Jesus, der den Pharisäern gegenüber die Heiligkeit und absolute Unauflösbarkeit der Ehe kraft göttlicher Ordnung verteidigt, gleich darauf zu seinen Jüngern von einer Ehelosigkeit um des Reiches Gottes willen redet und hinzusetzt: Wer es fassen mag, der fasse es (Matth. 19).

Und was von den Banden der Familie gilt, das gilt allgemein von allem Guten, was uns das Leben hier schön macht. Es kann ein Augenblick kommen, wo das Beste und Edelste uns zum »Ärgernis«, d. h. ein Hindernis zum Reich Gottes wird. Dann muß man damit schonungslos fertig werden. So sieht Jesus in grausigem Gleichnis Menschen mit selbstabgehauener Hand, mit selbstabgehauenem Fuß und mit selbstausgerissenem Auge zum Reich Gottes eingehen (Mark. 9).

Gewiß, die Worte wollen aus der damaligen Lage verstanden sein, wie seine Ansicht über den Besitz und über den Staat. Wäre die Erwartung des Weltendes nicht gewesen und hätten die Verhältnisse seine Gläubigen nicht in die Lage gebracht, sich unter Umständen von allem, auch dem Liebsten losreißen zu müssen, der Lebensernst Jesu wäre nicht so düster zutagegetreten. Aber es ist, als ob er mit Absicht den Satz obenan gestellt, daß eben alles, auch was an sich gut ist, sogar die Familie, verglichen mit der Pflicht zum Reich Gottes, Hemmnis werden kann und dann vom Übel ist. Er hat eine instinktive Angst, daß seine Religion

eine falsche Verträglichkeit mit der Welt halten könnte und sich in irdischen Verhältnissen bleibend einrichten möchte. Darum hat er einen Hebel eingesetzt, mit dem man jeden Augenblick den Baum samt den Wurzeln herausheben kann. Er hat den Menschen den absoluten Maßstab gegeben, damit sie es nie wagen, nach relativen, einer vernünftig abwägenden Moral entnommenen Maßstäben sich selbst etwas gegen ihr religiöses Gewissen einzureden.
Und dennoch: Der Lebensernst Jesu hat nichts Niederdrückendes und Lähmendes, wie der christlich übertünchte Pessimismus mancher Philosophen, sondern etwas Befreiendes. Man wandelt im dunkeln Wald und in den Wipfeln spielt das Sonnenlicht. Es ist, als ob man von dem Spiel zweier Kräfte getragen würde, denn Lebensernst und Lebensfreude sind bei Jesus ineinander. In den Momenten der höchsten Lebensfreude besinnt er sich auf den Lebensernst, und in den Augenblicken düstersten Lebensernstes findet er Platz für Lebensfreude. Diese lebendige Durchdringung beider Gegensätze gibt seiner Persönlichkeit jene natürliche Wahrhaftigkeit, welche über allen Theorien steht.
Diese beiden Seiten seiner Persönlichkeit wirken sich nun in der Geschichte des Christentums weiter aus. Der düstere Lebensernst in der Weltfremde und Weltflucht des ersten Christentums. Als aber diese Weltflucht durch die Verhältnisse sich zur Unwahrhaftigkeit gesteigert hatte, da kam einer, der diese Unwahrhaftigkeit als unmoralisch an sich erlebt hatte, und nun bricht bei ihm die christliche Lebensfreude sieghaft durch: Es war Martin Luther, der Familienvater, der in den Tischreden mit den Freunden so heiter scherzte. So verkörpert der Protestantismus mehr die Lebensfreudigkeit Jesu, der Katholizismus mehr den düsteren Lebensernst.

Dasselbe Spiel gegensätzlicher Kräfte ist auch in jedem einzelnen Menschen. Für einen Menschen, der es wagt, in jedem Augenblick seines Lebens wahrhaftig sein zu wollen und keine Stimme seines inneren Wesens zu betrüben, gibt es keinen ungetrübten Augenblick der Lebensfreude und keinen unerheiterten Augenblick des Lebensernstes, sondern gerade in den glücklichen Augenblicken tritt der Lebensernst an ihn heran, indem er der Unglücklichen gedenken muß, und auch in den Stunden tiefsten Lebensernstes ist er für Lebensfreudigkeit empfänglich. Es sind dies Tatsachen des Bewußtseins, die wir uns selbst oft kaum einzugestehen wagen, und die zur Betäubung gewordene Gewohnheit hilft den meisten darüber hinaus. Ist es nicht so, daß an einem heiteren Mahle uns der Gedanke an die Hungernden wie ein Ankläger heimsucht? Auch dieses berührt Jesus einmal in seinen Tischreden, indem er sagt: Wenn du ein Mittags- oder Abendmahl machest, so lade nicht deine Freunde, noch deine Brüder, noch deine Gefreundten, noch deine Nachbarn, die da reich sind, sondern, wenn du ein Mahl machest, so lade die Armen, die Krüppel, die Lahmen, die Blinden. So bist du selig (Luk. 14).

Die Lebensfreudigkeit durch tiefsten Lebensernst immer wieder aufs neue erkaufen, das ist das gewaltige Mahnen, durch welches die Zwiespältigkeit des Geistes Jesu diejenigen wach und wahrhaftig erhält, welche sich nicht betäuben lassen wollen. Mit seiner Moral hat er seinen Gläubigen keine gebahnten Wege geschaffen, sondern er hat ihnen nur einen Kompaß gegeben, der zwar immer nach derselben Richtung zeigt, dessen Nadel aber beständig zitternd nach beiden Seiten ausschlägt. Wie aber ein jeder seinen Lebensweg durch Lebensernst und Lebensfreude findet und welchen Weg er gehen muß, das ist sein innerstes, unberechenbares, schmerzlichstes und freudigstes Erleben. Es gibt keine ausgeführte allgemeine christliche Moral, eine solche zu schaffen ist unmöglich, denn die christliche Moral ist absolut persönlich und ist nur da vorhanden, wo der persönliche Geist Jesu mit einem Menschen kämpft. Alles andere ist christlich gefirnißte Vernunftmoral.

Jesus und die Weisen

Was würde er sagen, was würde er tun, wenn er mit der heutigen *Wissenschaft* in Berührung käme? Es ist das keine bloße Frage der Neugierde, wie wenn man sich etwa vorstellte, daß Cäsar wiederkäme und sich nun staunend unsre Eisenbahnen, unsre Bauten und unser Kriegswesen ansähe; sondern wir möchten wirklich Jesum gern hineinstellen können in die ganze Gelehrsamkeit, weil wir oft nicht wissen, wie wir uns mit seinen Gedanken in der modernen Zeit bewegen sollen. Wie würde er reden, wenn er mit der heutigen Astronomie und Naturwissenschaft, mit der heutigen Philosophie und – nicht zuletzt – mit der heutigen Theologie zusammenträfe? Wenn er mit der Lehre von den Gesetzen und selbstwirkenden Kräften der Natur, mit den Erkenntnissen der Philosophie bekannt wäre, wenn er vernähme, daß im Alten Testament verschiedene Quellen sich finden, daß die Propheten lebten, bevor man das Mose zugeschriebene Gesetz aufstellte, würde die Verkündigung, die er den Menschen zu bringen hat, irgendwie

beeinflußt oder umgestaltet? Wie würde Jesus uns Menschen des 20. Jahrhunderts die Bergpredigt halten?
Nun gab es ja zu seiner Zeit unter den Juden auch eine *Gelehrsamkeit,* wenn auch ganz anderer Art als die heutige, nämlich die Gesetzesgelehrsamkeit. Aber sie nahm das Interesse des Volkes gerade so stark, wenn nicht noch stärker, in Anspruch, als es die heutige Wissenschaft mit uns tut. Die Auslegung des Gesetzes bis in die kleinsten Bestimmungen, das war die Beschäftigung und die Gelehrsamkeit der Gebildeten jener Zeit. Und in dieser Hinsicht gehörte Jesus zu den Gebildeten, denn er war ein Gesetzesprediger. Bis zu seinem öffentlichen Auftreten war er für seine Umgebung nichts anderes, als was noch viele andere waren, ein Arbeiter, der sich in das Studium des Gesetzes und der Propheten vertieft hatte und deshalb Anspruch darauf machen konnte, ein Rabbi, ein Meister zu sein. Auch die Pharisäer und Sadduzäer haben ihn nie für einen Ungelehrten angesehen, sondern sie haben die theologischen Streitfragen über die Art der Heilighaltung des Sabbats, über die Ehescheidung, über das größte Gebot und über die Auferstehung vor ihn gebracht. Und er, in den Antworten, die er gibt, verleugnet den Gesetzesgelehrten nicht, sondern er entscheidet nach denselben Grundsätzen, wie sie, das heißt, er stellt Sprüche aus dem Alten Testament nebeneinander und zieht daraus seine Schlüsse. So z. B. setzt er das große Gebot der Liebe aus zwei Sprüchen des Alten Testaments zusammen; auch seine freiere Auffassung vom Sabbat rechtfertigt er aus der Schrift. Gewiß war er für gar manche seiner Zeitgenossen nichts anderes als ein frommer Rabbiner mit etwas zu freien und absonderlichen Ansichten. Jedenfalls war er kein Feind der Gesetzesgelehrsamkeit, denn sonst hätte er zum Volk nicht sagen

können: Alles nun, was euch die Schriftgelehrten und Pharisäer sagen, daß ihr's halten sollt, das haltet und tut. Und doch, obwohl selbst ein Schriftgelehrter, war *er innerlich unberührt* geblieben von der Schriftgelehrsamkeit. Die andern tranken an der Quelle; er aber saß daran und wehrte nicht, daß sie ihm den Fuß netzte. Wie er dort sich zur jüdischen Gelehrsamkeit stellte, so hätte er sich, wenn er in unsre Welt und in unsre Bildung hineingeboren worden wäre, *innerlich* gleichgültig gegen unsre Wissenschaft und unsre Erkenntnis verhalten. Eine überlegene Gleichgültigkeit wäre es gewesen, wie sie nur ein Herrscher haben kann; eine Gleichgültigkeit, in der Gewährenlassen und Feindschaft nebeneinander wohnen und sich von einem Augenblick zum andern ablösen können. Auch für die Pharisäer hatte er anerkennende Worte – und die Geißel.

In dieser Hinsicht gibt es nur einen noch, den man ihm vergleichen kann, einen von den wenigen, die man mit ihm zusammen noch nennen darf – Sokrates. Er lebte vier Jahrhunderte vor Jesus, in einer Zeit, wo das Denken und die Wissenschaft auf Erden überhaupt zum erstenmal erwachten und wo der Wissensstolz die Menschen überkam wie eine Trunkenheit. Unsre ganze Eingebildetheit auf die moderne Wissenschaft ist farblos und leblos, verglichen mit dem Selbstbewußtsein jener ersten Denker und Naturforscher. Und trotzdem er in jenem Wissen und Forschen unterrichtet war und einen klaren, durchdringenden Verstand besaß, blieb *Sokrates* von aller jener Gelehrsamkeit unberührt. Selber ein Sophist, das heißt ein Gelehrter, bekämpfte er die Sophisten mit ihren eigenen Waffen und überwand sie, indem er ihnen zeigte, daß ihre Wissenschaft, um die sie soviel Lärm machten, den Menschen

zum *innerlichen* geistigen Leben nichts gab. So haben auch Jesus und Paulus als Gesetzesgelehrte die Gesetzesgelehrsamkeit überwunden.
Auch in unserer Zeit steht jeder Mensch, der *innerliches* Leben hat, über der Wissenschaft, und es wird so bleiben, solange es Menschen und Wissenschaft gibt. Und wenn Jesus zu unsrer Zeit erstände, würde er es mit der heutigen Wissenschaft halten, wie er es mit der Gesetzesgelehrsamkeit gehalten hat. Er würde ihre Sprache reden, ihr Gleichnisse entlehnen und in ihren Anschauungen leben. Gewiß, er wäre ein durch und durch moderner Mensch, was man so unter modern versteht. *Aber innerlich blieben seine Lehre und sein Glaube dieselben; nur das Gewand wäre anders.* Ein Freund der Wissenschaft aber wäre er nur, soweit eben die Freundschaft bei innerster Gleichgültigkeit reicht; und als Feind erstände er, sobald die Wissenschaft das innere Leben der Menschen lahmzulegen drohte.
Aber dann nicht ein Feind, wie die heutigen christlichen Gegner der Wissenschaft: Feinde, die Feinde sind, weil sie sich fürchten und Angst haben für ihr Christentum und die Religion überhaupt, und die der Wissenschaft Duldung und Anerkennung abzuzwingen, manchmal abzubetteln suchen – sondern ein selbstbewußter, stolzer Feind.
Der Frieden zwischen Jesus und der Wissenschaft würde nicht einmal solange halten, wie der mit der Schriftgelehrsamkeit; denn viel klarer, als wir es vermögen, würde er erkennen, was die Wissenschaft und die sogenannte wissenschaftliche Bildung unsrer Zeit an unserm geistigen Leben zugeschüttet haben. So sehr an sich die Wissenschaft berechtigt und notwendig ist, so darf man es doch andrerseits nicht übersehen, daß sie für viele Menschen das persönliche geistige Leben erstickt hat. Für viele ist sie nur

eine andere Form der Gedankenlosigkeit, eine Art geistiger Betäubung geworden. In dem Irrgarten der modernen Geschichts- und Naturwissenschaften verirren sich die Menschen von sich selbst und haben zuletzt ganz das Bewußtsein davon verloren, daß *das geistige Leben etwas Höheres ist als das Wissen.* Sie fragen nicht mehr: Was gibt mir dieses Wissen, was gibt es mir für mein inneres Leben, sondern sie sind wie Bäume, die in einem engen Hof gepflanzt sind und nicht die innerliche Kraft haben, über die Häuser hinaus zur Sonne und zum Licht emporzuwachsen. Daß heutzutage der Streit über »Glaube« und »Wissen« noch in dieser Weise und so allgemein geführt wird, beweist nur, wie viele Menschen noch nicht über das Wissen hinausgewachsen sind.

Jesus hätte Mitleid mit den Menschen, die durch die heutige gelehrte Bildung ihres inneren geistigen Lebens verlustig gehen. Er würde die Wissenschaft bekämpfen; er würde sie unbarmherzig in ihrer inneren geistigen Armut bloßstellen; er wäre auch einmal ungerecht gegen sie, gegen das Gute und Berechtigte an ihr, wie er ungerecht war gegen die Pharisäer, und gewalttätig, wie die Gewalttätigen, von denen er sagt, daß sie das Himmelreich an sich reißen; und wenn er reden hörte von Versöhnung von Glauben und Wissen, würde er lachen, denn es gibt keine; zum Glück gibt es keine: Es gibt nur eine *Herrschaft des innerlichen geistigen Lebens über das Wissen.* Und weil Jesu Evangelium die höchste Form des geistigen Lebens ist, triumphiert es von selbst über alles Wissen in jedem Menschen, der geistiges Leben hat. Das wußte er; darum durfte er sagen: Himmel und Erde werden vergehen, meine Worte aber werden nicht vergehen.

Die Missionsreise der Jünger

Es ist nicht mehr möglich, die Wanderungen Jesu in Galiläa genau darzustellen. Der Abschnitt seines Wirkens vom Frühjahr, wo er das Gleichnis vom Sämann redete, bis zur Erntezeit, wo er die Jünger zum Predigen aussandte, ist so unübersichtlich, wie das Hügelland Galiläa, durch dessen wogende Saaten er mit seinen Jüngern fürbaß wanderte. Sicher ist nur, daß er auch ans andere Ufer des Sees Genezareth kam und dort lehrte. Während der Überfahrt erhob sich ein gewaltiger Sturm, wie sie am galiläischen Meere häufig sind; damals, als er mit majestätischer Ruhe über die wilderregten Wogen hinausblickte und sie mit seinem Blicke zu bändigen schien, ging den Jüngern zum ersten Mal ein Ahnen auf von der überweltlichen Majestät dessen, dem sie sich angeschlossen. Er wurde alsbald bekannt durch die Heilung eines Besessenen im Lande der Gerasener und lehrte im Gebiet der 10 Städte (Mark. 1 u. 5). Auch in Chorazin hielt er sich auf und fand dort viel Unglauben und Feindschaft; darum hat er später diese Stadt verflucht. Aber, was er eigentlich in Chorazin erlebte, berichtet uns keiner der Evangelisten. Es ist bis jetzt nicht aufgeklärt, warum sie über *diese* Zeit so spärlich berichten.

Der Fortgang seiner Wirksamkeit aber ist viel übersichtlicher. Er zerfällt in einzelne Akte, die in ihrer Aufeinanderfolge die 10 letzten Monate seines Lebens ausfüllen und zwar so, daß man ihm auf seinen Wanderungen genau zu folgen vermag. Vom See Genezareth zieht er nach Nazareth; auf dem Rückwege sendet er die Jünger aus; dann, nach der Rückkehr hält er sich mit ihnen, umgeben von einer großen Menge Volks, längere Zeit am Nordufer des

Sees in der Gegend von Bethsaida auf; bei seiner Rückkehr nach Kapernaum hat er einen großen Streit mit den Pharisäern wegen der Reinigkeitsvorschriften und verläßt darauf das Volk und Galiläa, um den Winter in der Gegend von Tyrus und Sidon, also auf heidnischem Boden zu verbringen, allein mit den Jüngern. Erst als die Osterzeit herankam, brach er auf, zog eilends durch Galiläa nach Jerusalem zu, holte die große galiläische Pilgerkarawane bei Jericho ein und feierte unter dem Jubel des Volkes, das ihn nach Monaten wiederfand, seinen Einzug in Jerusalem. Das ist der einfache Gang der Ereignisse, wie ihn jeder beim Evangelisten Markus nachlesen kann.

Der erste dieser großen Akte, *die Aussendung der Jünger*, fällt also in die Erntezeit: »die Ernte ist reich, der Schnitter sind wenig«, sagte er zu ihnen, als er sie zusammenrief und ihnen eröffnete, wozu er sie ersehen. Gerne möchten wir etwas Näheres über die Tage in Nazareth, welche vorhergingen, erfahren. Die Evangelisten erzählen nur, daß die Leute, die ihn am Sabbat in der Synagoge hörten, sich wunderten, wie der Sohn der Zimmermannswitwe, dessen Brüder und Schwestern sie gut kannten, zu solcher Weisheit gekommen sei, und daß seine Kraft durch ihren Unglauben gelähmt wurde. Hat er seine Mutter wieder gesehen? Verstand sie jetzt sein Wesen besser als damals, als sie ihn zurückholen wollte? Hatte sie ihm das harte Wort vergeben, mit dem er sie abgewiesen, ohne sie vor sein Antlitz kommen zu lassen? Jesus, an seinem Vaterhause vorübergehend, Jesu Mutter in der Synagoge, mit schmerzdurchbebter Seele den Worten ihres Sohnes lauschend; wer vermag sich das auszudenken? Als die Leute die Achseln über ihn zuckten, da fing sie an, ihn zu begreifen, und als der Pöbel vor dem Kreuze spottete, da glaubte

sie an ihn. Es war ihr schwerer gemacht worden, als einem andern Weibe aus Israel; aber war es zu viel des Kampfes und des Schmerzes dafür, daß sie gewürdigt war, seine Mutter zu sein?
Für ihn waren diese Erlebnisse von geringer Bedeutung. Was war Nazareth, was war seine Familie in seinem Leben, das der Welt gehörte? Als ob man den See Genezareth in das Weltmeer hätte füllen wollen, das unter dem Karmel ausgebreitet lag! Darum war er nicht entmutigt, sondern sandte seine Jünger aus, gerade auf dem Rückweg von Nazareth, 12, nach den 12 Stämmen Israels. Sie hatten sich nacheinander zu ihm gefunden; zuerst zwei Brüderpaare: Simon und Andreas, Jakobus und Johannes. Dann Levi, genannt Matthäus, der Zöllner; über die Berufung der anderen wissen wir nichts Näheres, ebensowenig wie über ihr späteres Leben und Wirken; sogar die Namen stehen bei manchen nicht unbedingt fest, wie sich aus dem Vergleich der Aufzählungen in den Evangelien und in der Apostelgeschichte ergibt.
Gewiß waren sie nicht die einzigen, welche das ständige Gefolge Jesu bildeten. Der Evangelist Lucas erzählt sogar, daß er nach ihnen noch 70 Jünger ausgesandt habe, 70 nach der Zahl der Heidenvölker in 1. Mose 10. Auffällig ist, daß die anderen Evangelien davon nichts berichten, und man möchte fast glauben, daß Lucas mit dieser Aussendung zu den Heidenvölkern hinweisen will auf die große Heidenmission unter Paulus, die auf die beschränkte Missionsarbeit der zwölf Apostel folgte und sie bei weitem überstrahlte. Beim Evangelisten Lucas bleiben eben viele Einzelheiten unerklärlich, besonders weil er, ein Anhänger der heidenchristlichen Richtung, den Matthäus, welcher auch auf seiten der Judenchristen stand, manchmal bewußt verbes-

sern will. So z. B. verbietet Jesus nach Matthäus (Kap. 10) den Jüngern, in irgendeine Samariterstadt zu gehen, während er es ihnen nach Lucas (Kap. 9 u. 10) nicht nur erlaubt, sondern geradezu gebietet; er schickt sie nämlich in jede Stadt und jeden Ort, wohin er selbst gedenkt zu kommen, und zwar in dem Augenblick, wo er im Begriff ist, durch Samaria zu reisen. Hier finden wir also in den Evangelien selbst Spuren des Kampfes zwischen Heidenchristen und Judenchristen.

Er sandte seine Jünger aus, *Mission zu treiben.* Nur darf man sich diese Mission nicht etwa vorstellen als eine tiefgehende Unterweisung in seiner Lehre. Die ganze Missionsreise hat höchstens einige Wochen gedauert; am Ufer des Sees trafen die Jünger wieder mit Jesus zusammen. Nicht sandte er sie als solche, die aussäen und dann geduldig warten müssen jahrelang, ob die Saat aufgeht, wie es unsere heutigen Missionare tun müssen; sondern als Schnitter gingen sie in Ernte und ernteten, wo sie nicht gesät hatten. Gesät hatten die Propheten, bis auf Johannes den Täufer; sie durften in wenigen Tagen ernten, was Jahrhunderte für jenen Augenblick auf jenem Boden gezeitigt.

Darum ist auch die *Aussendungsrede* in Matthäus so etwas ganz anderes, als man erwarten würde. Jesus gibt seinen Jüngern keine kurzgefaßte Anleitung, nach der sie seine Lehre verkündigen sollen, und lehrt sie auch nicht predigen. Ein einziges Wort gibt er ihnen mit, daß sie es über die Gassen und über die Dächer rufen sollen: *»Das Reich Gottes ist nahe herbeikommen.«* Über ihn – nichts.

Nur ein Wort! Das scheint wenig; aber dieses Wort faßt eben alles zusammen. Es ist das Eigentümliche aller großen Zeiten, daß sie einheitlich sind und ihre vielgestaltigen

Ideen in einem einzigen Worte Leben gewannen. Nur die großen Zeiten haben ihren Baustil, und dieser gründet sich auf eine einfache Formel. Die Zeiten aber, die in den Trümmern vergangener Jahrhunderte hausen, haben eine knappe Form der Gedanken weder im Bau, noch in der Rede. Jesu Zeit war die größte Zeit der Welt; darum lag für die, welche die Stimme des Zeitgeistes vernahmen, in dem einen Wort von der Nähe des Reiches Gottes eben alles: die Predigt von der Liebe Gottes, von der Buße, von der Sündenvergebung und von der Erlösung. Das einzige Wort weckte alles zum Leben. In der Reformation war es ebenso: In dem einen Worte von der Sündenvergebung entdeckte die Welt das ganze Evangelium wieder.
Die Rede, mit der Jesus die Jünger vermahnt, ehe er sie entläßt, gehört wohl zu denjenigen, die uns Wort für Wort überliefert sind, wie er sie gehalten hat. Manches davon ist für uns befremdlich. Worin bestand die Heilkraft und die Macht über die unreinen Geister, mit denen er sie ausrüstete? Als sie zurückkamen, meldeten sie ihm erfreut, daß wirklich solche Macht von ihnen ausgegangen.
Auch sonst war ihre Vollmacht groß: Mit ihrem Gruß geht Friede über ein Haus auf; wenn sie aber den Staub von ihren Gewändern schütteln, ist eine Stätte bestimmt, das Los Sodoms und Gomorrhas zu teilen. Einst hatte er ihnen doch gesagt: »Segnet, die euch fluchen«; nun legt er den Fluch in ihre Hände. Sie waren eben für jene Tage nicht mehr gewöhnliche Menschen, sondern solche, auf denen eine Vollmacht ruhte, die Vollmacht des Erlösers und Weltrichters.
Dazu weissagt er ihnen Verfolgung; sie werden gehaßt, vor Gericht geführt und verfolgt werden, um seines Namens willen, und vielleicht müssen sie ihr Leben hinge-

ben. Ein allgemeiner Aufruhr wird ausbrechen, wo der Bruder gegen den Bruder und der Vater gegen das Kind steht; denn er ist nicht gekommen, den Frieden zu bringen, sondern das Schwert.

Das sind nicht Weissagungen auf die Zeit nach seinem Tode, sondern für jene Aussendung. Noch mehr: Jesus weissagt ihnen, daß, ehe sie mit den Städten Israels zu Ende sein werden, die Erscheinung des Menschensohnes, d. h. das Ende der Dinge und das Weltgericht, statthaben wird. Nun haben sie damals weder Verfolgung erduldet, noch ist das Weltende eingetreten, sondern sie kehren unbehelligt zu ihm zurück.

Also ist eine Weissagung Jesu nicht in Erfüllung gegangen? – Ja. – Das erste Empfinden ist ein Erschrecken, wie wenn sich unter unserm Schritt ein Stein löst und in die Tiefe rollt und wir in die Luft greifen, um einen Halt zu suchen. Es gibt wirklich Weissagungen Jesu, die nicht in Erfüllung gegangen sind. So sagt er (Mc. 9, V. 1): Es stehen welche unter euch, die werden den Tod nicht schmecken, bis sie sehen das Reich Gottes kommend in Kraft. – Sie sind aber alle gestorben, und das Reich Gottes ist noch in Kampf und Unvollkommenheit hienieden.

Und doch, warum erschrecken? Hart und unerbittlich ist das Reich der Wahrheit; aber wenn man wagt, ihr ins Auge zu schauen, da scheint durch diese unerbittliche Härte etwas Tröstliches hindurch, das viele Menschen nur deshalb nicht sehen, weil sie scheu seitwärts blicken. Die Wahrheit verlangt Ehrfurcht, aber sie duldet keine Furcht. Die Evangelisten haben gewagt, obwohl sie doch selbst wußten, daß diese Worte nicht in Erfüllung gegangen sind, sie dennoch niederzuschreiben, weil sie Jesus wirklich geredet hat. Also sind sie wahrhaftig und glaubwürdig durch

und durch, denn sonst hätten sie diese Worte verschwiegen oder anders gedeutet.
Noch mehr: Es ist gut, daß es unerfüllte Weissagungen Jesu gibt, denn darin offenbart sich die unzerstörbare Lebenskraft seines Evangeliums. Die Jünger und die ersten Christen haben unter diesen unerfüllten Weissagungen schwer gelitten; aber die Kraft Jesu und ihr Glaube triumphierte darüber. Es war mit der Christenheit wie mit einem Schiff, das, um die hohe See zu gewinnen, über die Untiefen, die dem Strande vorgelagert sind, hinweg muß. Der Kiel knirschte auf dem Gestein, aber es saß nicht fest und ging nicht unter, sondern eine Flut hob es darüber hinweg und die gefüllten Segel führten es von dannen. Wohnte in dem Evangelium Jesu nicht eine solche Kraft, so würde es über unerfüllte Weissagungen nicht hinweggekommen sein. So aber ist es darüber hinweggekommen, und wir dürfen uns dessen getrösten und freuen. Es hat eine Probe ausgehalten, die seine Unzerstörbarkeit für alle Ewigkeit gewährleistet. Auch die unerfüllten Weissagungen Jesu sind Evangelium. War nicht er es, der gesagt hat: »Vater, nicht wie ich will, sondern wie du willst«? Darum gehören auch seine unerfüllten Weissagungen zu seinen Worten, die nicht vergehen, wenn auch Himmel und Erde vergehen.
Die Jünger aber dachten nicht, daß nach 2000 Jahren die Vermahnungen, mit denen er sie damals entließ, die Menschen noch beschäftigen, befremden und stärken würden. Freudig zogen sie nach allen Richtungen auseinander. Er aber wanderte weiter auf der Straße, die nach dem See führte, und wartete, was der Herr der Ernte tun würde.

Nach der Aussendung

Als die Jünger von ihm gegangen, war Jesus nicht lange allein, denn, durch ihre Predigt aufgeweckt, strömte das Volk allenthalben ihm zu. Jetzt erst fing er an, wirklich bekannt zu werden, denn man muß immer bedenken, daß seine vorherige Tätigkeit nur einige Wochen zählte. So z. B. erfuhr der König Herodes erst jetzt von ihm. Dazu kam noch etwas ganz Äußerliches: die Ernte war heimgebracht und nichts hielt die Leute nunmehr zu Hause zurück. So sammelte sich eine von Tag zu Tag wachsende Menge um ihn her.
Damals – die Jünger waren noch nicht zurückgekommen – kamen Boten, gesandt von Johannes dem Täufer, der auch eben um diese Zeit von ihm hörte, und fragten, wer er wäre. Er gab ihnen keine klare Antwort: als sie aber weg waren, sagte er dem Volke: Johannes ist der Prophet, der in der Kraft des Elias kommen soll, wie die Schrift sagt.
Bald darauf kehrten die Jünger zurück; da er das Bedürfnis hatte, mit ihnen allein zu sein, nahm er ein Schiff – sie befanden sich also in Kapernaum – und fuhr mit ihnen nordwärts. Aber das Volk hatte gesehen, wohin die Fahrt ging, und zog eilends am Strand nach, und als Jesus aus dem Schiff trat, waren sie zur Stelle. Er lehrte sie den ganzen Tag. Am Abend, nachdem er mit ihnen ein Mahl gehalten, ließ er seine Jünger vorrudern und traf später mit ihnen zusammen, nachdem er das Volk entlassen hatte. Sie fuhren dann – es war ein gewaltiger Sturm ausgebrochen – nach Bethsaida, das jenseits der Jordanmündung lag. So hatte er den Fluß zwischen sich und das Volk gebracht, und da sie keine Boote zur Hand hatten, konnte er endlich ein

wenig mit den Jüngern allein sein. Von dort kehrte er dann später nach Kapernaum zurück, wo er heftige Auseinandersetzungen mit den Pharisäern hatte. Das ist die Reihenfolge der Ereignisse, die Mark. 6 und Matth. 11–14 erzählt werden.

Was aber diese Periode des Lebens unseres Herrn dunkel und rätselhaft macht, ist die *Frage nach dem Wunder*, die fast auf jeder Zeile dieser Berichte sich uns aufdrängt. Zunächst redet Jesus selbst von seinen Zeichen: »Die Blinden sehen, die Lahmen gehen, die Aussätzigen werden rein, die Tauben hören und die Toten stehen auf«, sagt er zu den Boten des Täufers. Zugleich flucht er den Städten Kapernaum, Chorazin und Bethsaida, in denen er Zeichen getan und die doch nicht geglaubt. Die Jünger kamen zurück und erzählten ihm, daß auch sie Zeichen getan haben. Herodes glaubte an Wunder, denn als er von den Werken Jesu hörte, meinte er, es wäre Johannes der Täufer, der von den Toten auferstanden. Am Seestrand soll dann Jesus Tausende von Menschen mit einigen Broten und einigen Fischlein, die sich beim Austeilen wunderbar vermehrten, gespeist haben, und zwar nicht einmal, sondern zweimal. Schon bei Mark. wird die wunderbare Speisung doppelt erzählt: das erste Mal (Mark. 6) waren es 5000, das zweite Mal (Mark. 8) waren es 4000. Was aber das Merkwürdigste ist: das zweite Mal fragen die Jünger gerade so ratlos, woher man in der Wüste Brot nehmen könne, um das Volk zu sättigen, wie das erste Mal, und haben also scheinbar ganz vergessen, wie der Herr wenige Tage vorher Tausende gespeist hat. An demselben Tage soll Jesus auf dem Meere gewandelt sein, wie auf dem festen Land – und als sie nach Kapernaum zurückkehrten, verlangten die Pharisäer, als wäre nichts geschehen oder als genügte ihnen das nicht, ein Zeichen zu sehen. Er aber tat ihnen den Willen nicht, sondern sagte, es würde ihnen kein Zeichen gegeben werden, als das Zeichen des Propheten Jona.

Wie sollen wir uns diesen fast in einer übernatürlichen Welt verlaufenden Abschnitt des Lebens Jesu erklären? Hier scheiden sich die Geister. Die einen sagen, daß diese Ereignisse, weil sie in den Evangelien erzählt sind, sich wirklich so zugetragen haben müssen. Andere aber sagen mit Recht: es gibt nur eine übernatürliche Welt, das ist die geistige; aber in der irdischen sichtbaren Welt gibt es nur natürliche Vorgänge. Wenn Jesus Kranke auf wunderbare Weise geheilt hat, so ist es, weil er eine geistige Macht über ihr Gemüt hatte und so auch auf ihren körperlichen Zustand einwirkte; aber auf das Brot in der wunderbaren Speisung und auf das Wasser des Sees Genezareth hatte er keine geistige Gewalt, und also darf man, ohne deshalb als ungläubig zu gelten, bezweifeln, daß sich dort die Dinge so zugetragen haben.

Stimmen lassen sich vernehmen: Nehmt nur dem Volk seinen Glauben an Wunder nicht. Laßt die Schwierigkeiten im Wege liegen, geht darum herum und vermeidet ja jeglichen Anstoß. Nehmt ihm nur seine Krücken nicht.

Warum denn nicht? Wenn wir wirklich unter einem so gedankenlos kleingläubigen Geschlecht leben, so ist es wirklich die sittliche Pflicht, ihm die Krücken zu nehmen und ihm immer wieder zu sagen: »Das Christentum steht über dem Wunderglauben«, damit sie ohne Krücken gehen lernen. Die Forderung der Wahrhaftigkeit steht höher als jede Forderung der Vorsicht. Und dann: Als ob nicht genug am Christentum übrig bliebe, wenn man die äußerlichen Wunder abtut. Man verzeihe ein ganz alltägliches Bild in einer so ernsten Frage. Eine Hausfrau bricht an einem Salatkopf die äußeren Blätter weg, die an sich vielleicht nicht angefault sind, um auf das Herz zu kommen, weil sie weiß, daß dort übergenug gute Blätter stehen. So darf man auch im Christentum die Blätter bis aufs Herz abbrechen, es bleibt noch übergenug da und eine übergroße Behutsamkeit und Sparsamkeit ist nicht angebracht.

Man darf also getrost sagen, daß die wunderbare Speisung und das Wandeln auf dem Meer dem wirklichen Verlauf nach ganz natürliche Ereignisse gewesen sind und sich noch in der Wundererzählung wiedererkennen lassen. So ist sicher, daß Jesus an jenem Abend das Volk lagern ließ und ihnen nun die Speisen, die seine Jünger mitgenommen hatten, austeilte, indem er das Brot feierlich brach und die Danksagung sprach. Aber damit wollte er sie nicht sättigen, sondern er tat nur dasselbe, wie später auch beim Abendmahl, wo er am Schluß der Mahlzeit – wo die Jünger also schon satt waren – jedem feierlich ein Stücklein Brot von seiner Hand reichte. Die feierliche Austeilung von Speise an jenem Abend in der Wüste am See, war also eine Art Abendmahl, das er mit dem Volk hielt, wie er es später auch noch einmal mit den Jüngern allein getan hat. Die Bedeutung der Feier ruhte darin, daß er, der von sich wußte, daß er der Messias war, ihnen eigenhändig Speise darbot und sie so in geheimnisvollem Gleichnis einlud zum künftigen messianischen Mahl, von dem er in seinen Gleichnissen so viel sprach.

Erst später hat man aus diesem großen Abendmahl am See Genezareth ein Wunder gemacht, als hätte sich das Brot in wunderbarer Weise unter der Hand Jesu vermehrt, so daß nicht nur alle satt wurden, sondern noch übrig blieb. Welche Wichtigkeit man aber diesem Hauptwunder beilegte, ergibt sich schon aus dem Umstand, daß es schon bei Markus, dem ältesten Evangelisten, zweimal erzählt ist. Wenn aber damals wirklich ein so offenkundiges Wunder sich ereignet hätte, mit welchem Recht hätten dann die Pharisäer einige Tage nachher noch ein Zeichen von ihm verlangt, um zu glauben?

Der natürliche Vorgang, der der Wundererzählung von dem Wandeln auf dem Meere zugrundeliegt, hängt damit zusammen, daß die Jünger, nach der Verabredung, ehe sie nach Bethsaida kamen, landen mußten, um Jesus ins Schiff zu nehmen, denn Bethsaida lag ja jenseits der Jordanmündung. Jesus hatte sie nur früher fortfahren lassen, weil der widrige Wind sich erhob und also Gefahr war, daß sie vor dem Unwetter nicht mehr nach Bethsaida kämen. So konnte er noch ruhig das Volk entlassen und sich im Gebet sammeln, und war doch sicher, sie zu Fuß, am Ufer hingehend, einzuholen. Und als er nun am Ufer stand, wo sie ihn ins Schiff nehmen sollten, da sahen sie, gegen den Wind ankämpfend, seine Gestalt gespensterhaft im Abenddunkel, und es däuchte sie, als schwebte er auf dem Wasser. Daraus ist später das Wunder von dem Wandeln auf den Meereswogen geworden, und noch später wurde dann erzählt, Petrus habe es auch versucht.

So ergibt sich gerade aus diesen beiden Hauptwundern des Lebens Jesu, daß alle diese Wundererzählungen nur Entstellungen ursprünglich ganz einfacher Vorgänge sind, wie man das immer bemerken kann, wenn ein Ereignis von Mund zu Mund weitererzählt wird, und noch dazu in einer so wundergläubigen Zeit, wie es die damalige war. Wir aber haben keinen Grund, uns deswegen unsern Glauben mit Wundern beschweren zu lassen.

Wohin es führt, wenn der Wunderglaube in den wahren Glauben mit hereinspielt, das hat der Herr selbst zu erfah-

ren bekommen. Die Pharisäer hatten mit eigenen Augen gesehen, wie er Kranke heilte; aber das genügte ihnen nicht, und sie verlangten noch ein Extrawunder. Er sagte ihnen, daß ihnen kein Wunder mehr gegeben würde, als das Wunder des Propheten Jona: Damit meinte er das Volk um ihn her, das Buße tat, denn das große Wunder des Propheten Jona war doch die große Stadt, die Buße tat. Für dieses große Wunder durfte ja auch Jesus Gott in jenen Tagen danken, als allenthalben das Volk bußfertig herbeiströmte. Damals sprach er ja: »Ich preise dich, Vater und Herr des Himmels und der Erde, daß du solches den Weisen und Klugen verborgen hast, und hast es den Unmündigen geoffenbart.« Ist nicht die Sinnesänderung eines Menschen ein größeres Wunder, als alle anderen, die man ausdenken könnte?
Aber auch dieses Wort von dem Wunder des Propheten Jona wurde später wundersüchtig verstanden, als hätte der Herr damit sagen wollen: Wie Jonas drei Tage im Bauche des Walfisches war, so werde ich auch drei Tage in der Erde sein. Also hat man wieder anstelle des Geistigen das Sinnenfällige gesetzt.
Die Wunder sind eigentlich Schulden, die die Religion bei der Gedankenlosigkeit und dem Aberglauben macht, um sich beim Volke in Kredit zu halten. Und wenn Jesu wahrhaftige Heilungen in Kapernaum, Chorazin und Bethsaida dem Volke nicht zum Glauben verhalfen, und er selbst den Bankrott des Wunders in der Religion aussprechen mußte, dann sollen erzählte Wunder etwas ausrichten?
Und mit dem Schuldenmachen nimmt's kein Ende: So auch, wenn man die Religion mit Wundern zu bereichern sucht. Das erfuhr er auch an den Pharisäern und sagte dann erschreckt: Halt, keinen Schritt weiter! Aber die Kir-

che ist auf dieser Bahn fortgeschritten und hat versucht, mit Wunderschulden sich beim Volke zu halten. Sie sanktionierte die Wunderlegenden, die sich um Jesus und die Apostel gebildet hatten; dann sanktionierte sie die Heiligenwunder bis in die neueste Zeit, und kann nun nicht mehr zurück, denn es sind Schulden von Jahrhunderten, die sie damit anerkannt hat. Und wenn immer wieder tiefreligiöse und einsichtige Männer in der katholischen Kirche gegen diese Nachgiebigkeit in Anerkennung von Wundern auftreten, was hilft es? Sie sind machtlos und unlogisch, denn wenn einmal die Wunderschulden sich so gehäuft haben, kommt es auf ein paar mehr oder weniger nicht an.
Unsere Reformatoren haben in mannhaftem Entschluß die Schuldscheine der altkirchlichen und mittelalterlichen Wunder zerrissen. Diejenigen aber, welche die alte Kirche schon im Neuen Testament gemacht hat, behielten sie ängstlich noch in der Hand. Wir zerreißen auch diese: es ist Papiergeld, das einmal vielleicht Wert hatte, aber im Laufe der Zeit immer wertloser geworden ist. Darum können wir es zerreißen, um nur das gemünzte Gold zu behalten. Vielleicht ist dies manchen ein Anstoß; aber auch für die Jünger der Reformatoren gibt es ein: Ich kann nicht anders.

Wer sagen die Leute, daß ich sei?

Zweierlei war ihnen verborgen: daß er der Messias sei und daß er leiden müsse. In derselben Stunde sollten sie beides erfahren.
Man darf sich nicht vorstellen, daß Jesus zu den Jüngern

und zum Volk über sich geredet hat. Dies scheint zwar so natürlich, daß schon das Evangelium Johannes – welches das jüngste unter den Evangelien ist – annimmt, er habe von Anfang an über seine Gottessohnschaft gepredigt. In Wirklichkeit aber behielt er dies als ein Geheimnis für sich. Vor dem Volk hat er sich nie offenbart; nur den Jüngern insgeheim tat er es kund und erst vor dem Richter gestand er, für wen er sich hielt.

Hat er's ihnen verheimlicht, um sie langsam zu einer höheren geistigen Auffassung der messianischen Würde zu erziehen, damit sie aus seinen Worten und Werken es nach und nach ahnend begriffen, daß der Heiland nicht in der Herrlichkeit, sondern in der Niedrigkeit erschienen sei? Oder war es die Angst vor den Feinden, die es geraten scheinen ließ, nicht mit dem Anspruch aufzutreten, der Messias zu sein? Nichts davon: er fühlte eben keine Notwendigkeit, sich ihnen zu offenbaren. Wir zwar wissen jetzt, daß schon hinter jenem gewaltigen »Ich aber sage euch« der Bergpredigt der Messias stand und daß er das andere Wort »Wer mich verleugnet vor den Menschen« auch nur sprechen konnte, weil er wußte, daß er der Messias war. Sie aber, nicht anders als das Volk, nahmen es nur für Prophetenworte und wähnten, er wäre Elias, der große Prophet, den Gott für die letzten Tage verheißen hatte. Wohl hatte er dem Volk gesagt in geheimnisvoller Andeutung: Johannes der Täufer ist der Elias, woraus sie hätten verstehen können, daß er der Messias sei, aber sie verstanden es nicht, denn es lag ihnen zu fern. Alle zusammen erwarteten sie ja den Messias nicht als einen natürlichen Menschen, sondern als eine übernatürliche Erscheinung auf den Wolken des Himmels, umgeben von den Engeln, zum Jüngsten Gericht.

Es kam aber ein Augenblick, wo seine Jünger es erfahren mußten: das war nach der Aussendung, als es ihm offenbar wurde, daß er leiden und sterben müsse. Damit sie nicht an ihm irre würden, mußte er ihnen sagen, wer er ist und zugleich, daß die Erniedrigung des Todes für ihn notwendig sei zum Anbruch seines Reiches. Deswegen suchte er die Einsamkeit mit ihnen am See Genezareth und fand sie nicht, denn das Volk umdrängte sie; deswegen verließ er Galiläa und zog mit ihnen nach Norden, und als sie in der Gegend von Casärea Philippi waren, fand sich die Stunde, die er gesucht. Auf heidnischem, nicht auf jüdischem Boden gab er sich als Messias zu erkennen: liegt da nicht wie eine Weissagung auf die Zukunft drin?
Woher wußte es Petrus, daß er ihm antworten konnte: »Du bist Christus«? Es war keine natürliche Erkenntnis, die aus einer Vermutung ihm langsam zur Gewißheit geworden, sondern eine Offenbarung, die ihm von oben geworden. Vielleicht wußte er es vom Berge der Verklärung her. Dieser liegt nämlich in Galiläa, beim See Genezareth, und jenes Alleinsein mit den drei Lieblingsjüngern fällt dann in die Tage nach der Aussendung, also vor der Wanderung nach dem Norden, obwohl es in der jetzigen Reihenfolge der Erzählungen in den Evangelien erst nachher kommt. Dort auf dem Verklärungsberg hatten die drei Jünger ein Gesicht: Jesus erschien ihnen von strahlender Herrlichkeit umflossen und sie vernahmen eine Stimme: »Das ist mein lieber Sohn«. Als sie vom Berg herunterstiegen, verbot er ihnen, daß sie niemand etwas von dem Gesicht sagen sollten. Bei seiner Frage aber zu Cäsarea Philippi, wer sagt ihr, daß ich sei?, gedachte Petrus an die Stimme, die sie gehört, und antwortete: Du bist Christus. Dieser Zusammenhang zwischen der Erzählung von der Ver-

klärung Jesu und dem Bekenntnis Petri ist zwar nur eine Vermutung; aber wie viele leere Blätter aus der Geschichte unseres Heilandes können eben nur mit Vermutungen ausgefüllt werden!

Daß sein Meister leiden sollte, das wollte Petrus nicht begreifen. Jesus schilt ihn – aber er erklärt es ihm nicht. Er erklärt ihnen überhaupt nichts, sondern er verkündigt es ihnen nur und – bedroht sie, daß sie niemand von ihm sagen sollten.

Das alles erscheint uns ganz unbegreiflich; er ist der Messias, und man soll es nicht wissen. Aber wozu auch? Was er war, das lag als Kraft in seinen Worten, und wen diese Kraft erfaßte, der mußte ihn finden und erkennen, früh oder spät. Und wenn er es ihnen auch gesagt hätte, sie hätten ihn nicht eher gefunden. Heute wird es überall verkündigt, daß er der Heiland ist. Wievielen aber ist es Wahrheit geworden? Es ist eben etwas, das man nicht annimmt, wie irgendeine andere Wahrheit, sondern jedem muß es von Gott offenbart werden. Wer vermag die Worte Heiland, Messias, Gottessohn einem andern Menschen zu erklären, so daß sie lebendig in ihm werden, und er weiß, daß dieser Heiland allein ihm Friede und Freude geben kann? Zuletzt sind alle unsere Worte über ihn nur Meinungen und Formeln. Was er ist und was er einem Menschen wird, das kann keine Sprache ausdrücken. Darum sind die Vorstellungen, die das Wesen seiner Person fassen sollen, gleichgültig. Ihm selbst liegt nichts daran, daß seine Jünger ihn sich jetzt als den Messias nach den jüdischen irdisch gefärbten Anschauungen vorstellen; er sagt kein Wort, um sie darüber anders zu belehren. Wenn sie ihn nur als ihr Leben und ihre Kraft erfaßt haben. Seither sind viele neue Vorstellungen über ihn aufgekommen; die Formeln be-

kämpfen sich, lösen sich ab, und sie gehen nebeneinander her. Für den einen ist er das göttliche Leben; für den andern der Gottessohn als die zweite Person der Dreieinigkeit durch die übernatürliche Geburt; noch ein anderer sucht zwischen diesen beiden eine Vorstellung von einer mehr geistigen Gottessohnschaft. Was liegt an der Formel? Wenn er nur in ihm das Leben gefunden hat. Die Formeln sind von Fleisch und Blut geschaffen und vermittelt und können nichts offenbaren; sagt er doch zu Petro: Fleisch und Blut haben dir das nicht geoffenbart. So gehen viele mit ihm und glauben an ihn und wissen doch nicht, wer er ist, bis die Stunde kommt, da er sich ihnen offenbart, und sie erst nun verstehen, was das Wort Heiland heißt.
Wer sagen die Leute, daß ich sei? Seit Jahrhunderten verkündet man es ihnen: er ist der Heiland. Aber seit es kein Geheimnis mehr ist, ist das Geheimnis nur größer geworden. Sie erkennen nicht einmal mehr an, daß er ein Prophet war; – er ist ihnen nichts mehr; nur wenige wissen, wie damals, um sein Geheimnis. Wie sagte er doch einst: Auf daß sie es mit sehenden Augen sehen und doch nicht erkennen, und mit hörenden Ohren hören, und doch nicht verstehen.

Warum mußte Jesus leiden?

Es war Frühling; durch die wogende Saat wallten sie allenthalben und sangen Psalmen der Wallfahrt; man zog zum Osterfest nach Jerusalem hinauf. Er aber mied die Straßen der Wallfahrer und zog mit den Jüngern abseits. »Und sie

wandelten durch Galiläa, und er wollte nicht, daß es jemand wissen solle« (Mark. 9, 30).
Schweigsam zogen sie dahin. Er sprach nichts und sie wagten nicht zu fragen. Zu dreien Malen hatte er ihnen verkündigt, daß er in Jerusalem in die Hände der Hohenpriester und Schriftgelehrten überantwortet werden müsse, daß sie ihn zum Tode verdammten. Warum aber mußte er solches erleiden? Und Jesus ging vor ihnen, und sie entsetzten sich, folgten ihm nach und fürchteten sich (Mark. 10, 32).
Dieses »Muß« war ihnen unbegreiflich. Was bedeutete die Feindschaft der Schriftgelehrten? Das Volk, hielt es nicht zu ihm? Wer wagte den Propheten von Nazareth aus der Mitte seiner Galiläer zu holen? Mit Palmen würden sie vor ihm herziehen und im Tempel eine Mauer um ihn bilden. Sie hatten Recht: so kam es. Dennoch aber: das »Muß« erfüllte sich, denn es war nicht menschlicher, sondern göttlicher Art.
Die Notwendigkeit seines Todes hat sich dem Herrn nicht durch die Erwägung der steigenden Feindschaft seiner Gegner aufgedrängt. Er kannte keine irdischen Erwägungen, sondern die geistige Welt war für ihn die einzig wirkliche. Er wußte, daß er sterben müsse, weil Gott es ihm geoffenbart hatte. Im 53. Kapitel des Propheten Jesaja las er, was Er von ihm wollte; da stand, daß der Knecht, der erhöht und sehr erhoben sein würde, zuvor müsse gestraft und gemartert werden und die Sünde der Menschheit auf sich nehmen. Also wollte er tun, daß die Schrift erfüllt würde.
War es ohne Kampf, daß er sich in Gottes Wille ergab? Er sagte nichts darüber. Aber, der das Wort gesprochen: Ärgert dich dein Fuß, so haue ihn ab; ärgert dich dein Auge,

so wirf es von dir – er wußte von sich aus, daß man nicht siegt ohne zu kämpfen. Wir wissen nicht, wann er dieses letzte Stück seines Lebensweges vor sich sah. Vielleicht ahnte er diesen Gotteswillen von Anfang an. Da er von den Tagen redet, wo auch seine Jünger fasten werden, wenn der Bräutigam von ihnen genommen wird, meint man die Schatten einer fernern Wolke über den Weg ziehen zu sehen. Und als er die Einsamkeit suchte, nachdem die ausgesandten Jünger zu ihm zurückgekehrt, suchte er sie nicht auch zum Kämpfen und Beten für sich? Heilig seien uns diese unbekannten Stunden seines Ringens für die Menschheit.

Leiden und Herrlichkeit lagen nebeneinander für die, welche nach dem Gottesreiche ausschauten, denn es war die allgemeine Lehre damals, es müsse zuerst eine große Leidenszeit über die Menschheit kommen, ehe das Gottesreich anbrechen könne. In dieser Prüfung sollten sich die Erwählten bewähren und Sühne tun für ihre Sünden; dann würde der Messias erscheinen. Man nannte diese Zeit die Geburtswehen des Messias. So hatte es Jesus auch gelehrt; die letzte Seligpreisung der Bergpredigt geht an die Verfolgten; den Jüngern weissagt er bei der Aussendung, daß sie sich auf Drangsal gefaßt machen müßten, und das Volk beschwört er, im Hinblick auf jene Zeit: Wer sein Leben will behalten, der wird es verlieren. (Mark. 8, 35).

Nun aber wird ihm offenbar, daß er, der zum Messias berufen sei, dieses Leiden für die andern auf sich nehmen müsse: um seiner selbst willen und um ihretwillen. Um seiner selbst willen – damit er sich durch Leiden zu der Herrlichkeit, die ihm bestimmt war, bereite; um ihretwillen – daß Gott ihnen verzeihe und sie verschone. Er ging in den Tod, mit klaren Bewußtsein, Sühne zu leisten für die Menschheit. »Die Strafe liegt auf ihm, auf daß wir Friede hätten, und durch seine Wunden sind wir geheilt« – so stand es bei Jesaja. Diesen Dienst den Menschen zu leisten, dazu war er in der Niedrigkeit erschienen. Einmal sagte er es klar heraus: »Denn auch des Menschen Sohn ist nicht gekommen, daß er sich dienen lasse, sondern daß er diene und gebe sein Leben zur Sühne für viele« (Mark. 10, 45). Aber warum zu ergründen suchen, was Jesus über die Bedeutung seines Todes gedacht haben mag? Was er wirklich bedeutet, das hat sich in der Welt geoffenbart. Als das Weib zu Bethanien das Glas mit dem köstlichen Wasser zerbrach und es ausgoß, da verbreitete sich der Duft durch das ganze Haus. So sind durch den Tod alle geistigen und himmlischen Kräfte, die er in sich trug, ausgegossen über die Menschheit. Wer vermag zu sagen, was sein Tod bedeutet? Keine Deutung und keine Erklärung kann diesen Reichtum ausschöpfen. So lange er lebte, wollten die Jünger ihn fragen, warum er sterben müsse; als er aber tot war, brauchten sie ihn nicht mehr zu fragen, denn die Kraft seines Leidens war über sie gekommen; sie kam über Paulus, der, wie er selbst sagt, täglich mit ihm litt und starb; sie kam über ganze Gemeinden, wie es im 1. Brief Petri heißt: »Freuet euch, daß ihr mit Christo leidet«; sie kam über Tausende und Tausende seither, als Gewißheit der Sündenvergebung, als Geduld in Trübsal, als Friede, als Sanftmut. Alles, was Herrliches auf der Welt von einem Menschen geistig erlebt wurde – es kam aus seinem Leiden. Und doch, wieso sein Leiden dieses schafft, wir vermögen es nicht zu erklären. Jedes Dogma, jede Formel ist zu eng. Sein Leiden und Sterben ist die Urtatsache des geistigen Lebens und des geistigen Ringens, durch welche die wahre geistige Welt, in der wir leben, erst geschaffen ist.

Jerusalem

Auf der Straße am Ausgang von Jericho standen sie und warteten, und jeder neue Haufe, der kam, gen Jerusalem zu reisen, drängte sich zu den übrigen und harrte mit, denn der Prophet aus Nazareth hatte in dem Ort genächtigt und wollte auch hinaufziehen, daß er Ostern feierte. In dem Murmeln und Summen der Menge ein kläglicher Ruf: »Jesu, du Sohn Davids, erbarme dich meiner.« Wohl bedrohten sie ihn wieder und wieder, er solle schweigen – der flehentliche Ruf verstummte nicht. Plötzlich Stille ringsum; der Prophet erschien und die galiläischen Pilger sahen ihn wieder, wie sie ihn zur Erntezeit am See gesehen. Aufs neue die Stimme hinter den Menschenmassen hervor: Jesu, du Sohn Davids! Er blieb stehen und ließ ihn holen, und als er vor ihm stand, ward ihm geholfen. Des Heilands Antlitz leuchtete: Sollte der Herr sein Volk sehend machen zur letzten Stunde?

Und sie zogen hinauf nach Jerusalem; die stolzen leuchtenden Paläste, mit denen Herodes und seine Söhne Jericho geschmückt, verschwanden im Morgennebel, und aus der tauglitzernden Ebene stieg der Weg zum Gebirge hinan; die Wallfahrtspsalmen hallten wider von den Felswänden, und in den Schluchten rauschten die Bäche. Jesus aber ging schweigend vor ihnen her.

Abend war es, sie rasteten am Brunnen, den man jetzt Apostelbrunnen nennt. Vor ihnen auf der Höhe, die ihnen Jerusalem verbarg, einige Häuser inmitten weißblühender Bäume: Bethanien. Und da sie weiterzogen, brachten seiner Jünger zwei eine Eselin, die sie auf sein Wort gefunden hatten, angebunden zu Bethphage. Jetzt hatten sie die Hö-

he erreicht; vor ihnen jenseits des engen Pfades Jerusalem mit seinen tausend Zinnen, übergossen von der leuchtenden Pracht der untergehenden Sonne. Mit Jauchzen und Jubeln zogen sie ihm voraus: Hosianna! Gelobet sei, der da kommt in dem Namen des Herrn. Ihre Kleider breiteten sie über den Weg und streuten Palmenzweige vor ihm her. Und als er zu Jerusalem einzog, erregte sich die ganze Stadt und sprach: Wer ist das? Das Volk aber sprach: Das ist Jesus, der Prophet von Nazareth aus Galiläa. Er stieg hinauf zum Tempel und besah alles, und da es dunkel wurde, ging er hinaus gen Bethanien mit den Zwölfen.
So hielt er es die ganzen Tage bis zum Osterfest: Frühmorgens wanderte er von Bethanien in die Stadt, und abends, wenn die Tore geschlossen wurden, kehrte er wieder zurück. Es waren etwa drei Viertelstunden Weges. Nicht zum ersten Mal war er in Jerusalem, ebensowenig wie seine Jünger, sondern alljährlich war er zum Feste gekommen. Und auch die Leute zu Bethanien, bei denen er zur Herberge war, sah er nicht zum ersten Mal; es waren die Gastfreunde seiner Familie, bei denen er auch früher geweilt. Als er das letzte Jahr bei ihnen gewesen, still und unerkannt, mit Mutter und Brüdern und Schwestern, hatten sie nicht geahnt, daß er das nächste Jahr wiederkommen würde als der Prophet von Nazareth und seine wahren Brüder mit sich bringen würde, die Jünger, die ihn umgaben. Sie aber nahmen ihn auf und dienten ihm, und jeder wollte ihn zu Gaste haben.
Auch dem Volke, das im Tempel seinen Worten lauschte, war er kein Fremder. Nicht nur die Galiläer kannten ihn, sondern auch von den andern erinnerten sich manche, ihn unter der Menge bemerkt zu haben, die den Täufer am Jordan drunten umlagerte. Und selbst denjenigen, die sein

Antlitz noch nicht gesehen, war er kein Fremder. War er nicht von Gott gesandt, der Nachfolger Johannis zu sein, den vor wenigen Monaten Königsleichtsinn einem Weibe geopfert? Herodes war nicht der einzige, der bei sich sagte: »Johannes der Täufer ist von den Toten auferstanden.« Dasselbe wiederholten Tausende in Jerusalem, da Jesu Wort zu ihnen schallte, aber nicht mit Angst, wie der Mörder auf dem Königsthron, sondern mit Jauchzen und Danken zu Gott. Wieder ein Prophet.

Das Volk zu Jerusalem war nicht großstädtisch teilnahmslos in jenen Tagen. Ein Feuer hatte unter der Asche gebrannt seit einem Jahre, und jetzt, unter dem Hauch der Worte Jesu, schlug die Glut empor. Des Täufers Erbe war gekommen; er erntete, was jener gesät. Nicht bedarf es, daß er sie lehre, was Himmelreich, was Buße sei. Sie wußten es, sie glaubten daran, sie harrten der Dinge, die da kommen sollten. Um die Pharisäer zum Schweigen zu bringen, braucht der Prophet von Nazareth sich nur auf den Täufer zu berufen. »Die Taufe Johannis, war sie vom Himmel oder von den Menschen?« Und aus Furcht vor dem Volk wagen sie weder ja noch nein zu sagen, sondern lassen von ihm ab. So hatte der Täufer dem, der da kommen sollte, dennoch die Wege geebnet, und diejenigen, die zu Jerusalem mit den Jüngern die erste Gemeinde bildeten, waren von ihm zuerst auf das Reich Gottes hingewiesen worden.

Er war ihnen bekannt, und doch kannten sie ihn nicht, denn niemand außer den Jüngern ahnte, für wen er sich selbst hielt. Daß er der Messias sein könnte, daran dachten sie nicht. Auch das Hosianna beim Einzug galt nicht dem Gottessohn, denn nach dem ältesten Evangelisten, Markus, riefen sie nur: »Hosianna! Gelobet sei, der da kommt

im Namen des Herrn. Gelobt sei das Reich unseres Vaters David, das da kommt. Hosianna in der Höhe.« Und den Leuten von Jerusalem, die fragten, wer er sei, antworteten sie: Der Prophet von Nazareth. Die Pharisäer und Sadduzäer behelligen ihn mit Streitfragen über Ehescheidung, Zinsgroschen und Auferstehung, aber nie stellen sie an ihn die Frage, wieso er, in seiner Niedrigkeit, sich für den Messias und den Gottessohn ausgeben könnte. Erst beim jüngsten Evangelisten, Johannes, lesen wir von Streitfragen in Jerusalem, die Jesu eigene Person zum Gegenstand haben; die drei älteren wissen nichts davon. Am letzten Tag, vor dem Richthaus, erfuhr das Volk aus dem Mund der Schriftgelehrten, der Prophet habe vor dem Hohenpriester bekannt, daß er sich für Gottes Sohn halte, und als sie das erfuhren, mußten sie ihn hassen, mußten sie rufen: Kreuzige ihn! Denn jetzt war er nur noch ein Gotteslästerer.
So redet er zu ihnen während jener Tage, als ein Bekannter und doch als ein Fremder. Zu fernen Umrissen zeichnet etwas sich hinter seinen Worten ab wie ein unfaßbares Geheimnis. *Wir* wissen, daß der Sohn im Gleichnis, den die Weingärtner töteten, er selbst war, daß der Bräutigam er selbst war, daß der Menschensohn, der danach richten würde, ob sie ihn aufgenommen, gespeist, getränkt, bekleidet hätten, er selbst war; aber *sie* wußten es nicht, sondern wähnten, er redete von dem Messias als von einem andern. So mußte er täglich zu ihnen reden als ein Prophet und durfte ihnen nicht sagen, wer zu ihnen redete, denn noch war die Stunde nicht gekommen, daß er sollte vor den Menschen offenbar werden. Als sie ihn fragten: In welcher Machtvollkommenheit hast du die Geißel im Tempel geschwungen?, antwortete er nicht: »In der Macht des Sohnes Gottes«, sondern er wich ihrer Frage aus; und als *er* ih-

nen seinerseits die Frage stellte, wie kann David im Psalme den Messias seinen Herrn nennen, da er doch sein Sohn, also nicht sein Herr ist, da verschwieg er ihnen die dazugehörende Antwort, daß nämlich der Messias, so lange er in Niedrigkeit auf Erden unerkannt wandle, Davids Sohn sei, als von ihm abstammend, aber in seiner himmlischen Herrlichkeit sein Herr. Und seine Jünger, die dabei standen, gedachten des Wortes, das er schon in Galiläa zu ihnen gesprochen: »Euch ist es gegeben, das Geheimnis des Reiches Gottes zu wissen; denen aber draußen widerfährt es alles durch Gleichnisse. Auf daß sie es mit sehenden Augen sehen und doch nicht erkennen, und mit hörenden Ohren hören und doch nicht verstehen.« Und sie freuten sich und fürchteten sich.

Worte des Anstoßes

Die Kinder glauben, ein Pfarrer müsse alles in der Bibel erklären können, und es gibt auch viele Erwachsene, die meinen, alle Widersprüche und alle Anstößigkeiten in der Schrift heben sich von selbst für den, der die Schrift studiert hat. Aber diejenigen, die tiefer in die Dinge eingedrungen sind, haben dieses Zutrauen, alles erklären zu können, nicht mehr, sondern sie müssen sich gestehen, daß es vieles gibt, worauf sie keine befriedigende Antwort wüßten. Was das Charakterbild und die Reden unseres Herrn insbesondere angeht, so wäre es ganz gut möglich, daß jemand aus Abneigung gegen das Christentum darauf ausginge, das an Jesus zu suchen, was man der Welt gegenüber schlecht auslegen könnte. Wer von uns hat denn nicht auch schon selber Anstoß empfunden?

Wenn einmal die Missionare der indischen Religionen zu uns kommen, um ihre Religion bei uns zu verbreiten, so werden sie unsern Herrn herabzusetzen suchen, indem sie sagen: er war kein guter Sohn für seine Mutter. Als sie zu ihm kam, da ließ er sie nicht einmal vor, sondern er verleugnete sie und sprach: »*Wer ist meine Mutter und meine Brüder?*« Gewiß, wir werden erwidern, daß Jesus, indem er so redet, auf die höhere geistige Verwandtschaft der Kinder Gottes hinweisen will, und wir wissen alle, daß er, der das Verfahren verurteilt, die Eltern darben zu lassen und dem Tempel Geschenke zu geben, seine Mutter von ganzem vollen Herzen geliebt, schon um des Wehes, das sie für ihn ausstand – aber wir empfinden doch eine natürliche Betrübnis, daß uns von ihm gerade dieses harte Wort über seine Mutter aus der Zeit, da sie ihn noch nicht verstand, überliefert ist.

Ihm Engherzigkeit vorzuwerfen, wäre nicht schwer. Als er die Jünger zum Predigen aussandte, verbot er ihnen, so erzählt es wenigstens Matthäus, in einer *Samariterstadt* das Evangelium zu verkündigen, und als das *kananäische Weiblein* ihn für ihre Tochter anfleht, drängt er zuerst das Mitleid gewaltsam zurück, weil sie eine Heidin ist. Und doch hat er selbst wiederum den Heiden die Tür zum Reich Gottes geöffnet, da er spricht: »Viele werden kommen vom Morgen und vom Abend und mit Abraham und Isaak und Jakob im Himmelreich sitzen.« Also widerspricht sich der Herr selbst?

Auch das ist nicht schwer aufzuzeigen. Hat er nicht einmal gesagt: »*Wer nicht mit mir ist, der ist wider mich*« (Matth. 12) und ein anderesmal, als die Jünger einem wehren wollen, der in seinem Namen Zeichen tut, hindert er sie mit den Worten »*Wer nicht wider mich ist, der ist für mich*«. Mag man auch annehmen, daß die Umstände jedesmal das Wort gerechtfertigt haben, so müssen doch schon die Jünger Anstoß daran genommen haben, daß er einmal so hart, das andere mal so unbegreiflich mild urteilt. Aber vielleicht kannte er das Herz, und darum ist die scheinbare Ungerechtigkeit Gerechtigkeit.

Überhaupt bricht manchmal bei ihm eine gewisse Härte durch, daß man fragen möchte, ist es denn der Herr der Liebe, der redet? Es muß etwas Furchtbares gewesen sein, als er den *Fluch* aussprach über *Chorazin, Bethsaida und Kapernaum* – einen Fluch, der sich erfüllt hat. Ist nicht das unsägliche Elend der *Zerstörung Jerusalems* und die Öde, die jetzt über dem gelobten Land liegt, durch seinen Fluch herbeigerufen worden? Was mag er gekämpft und gelitten haben, während er die Worte sprach, die er als Weltrichter sprechen mußte! Wenn wir einen Blick in sein Herz tun könnten! Aber so kennen wir nur seine Worte, die er als Weltrichter sprach, Worte eines ehernen Weltgesetzes: »*Wehe der Welt des Ärgernisses halben!* Es muß ja Ärgernis kommen; doch wehe dem Menschen, durch welchen Ärgernis kommt!« »*Viele sind berufen, aber wenige sind auserwählt.*« »*Die ersten werden die letzten sein!*« »Ihr sollt nicht wähnen, daß ich gekommen bin, Frieden zu senden auf Erden. *Ich bin nicht gekommen Frieden zu senden, sondern das Schwert.*« Niederschmetternde Worte, auch jetzt noch, wo sie nur noch in toten Buchstaben vor uns stehn. Aber erst recht als sie lebendig seinem Munde entsprangen und die Leute sich zuraunten: Was hat er gesagt?, und einer es dem andern wiederholte!

Zuweilen erschrak er selbst über seine eigenen Worte mit

den Hörern. Als der reiche Jüngling davonging, entfuhr es ihm: »*Es ist leichter, daß ein Kamel durch ein Nadelöhr gehe, denn daß ein Reicher ins Reich Gottes komme.*« Entsetzt fragten seine Jünger »Ja, wer kann denn selig werden?« Und da er ihren verwirrten Blick sah, fühlte er, daß er hinaus kommen müßte über dieses Wort und sie höher hinaufführen müßte, wo die Sonne über den Wolken scheint; und plötzlich aus langem angstvollen Sinnen erwachend, sah er sie an, nun wieder heiter lächelnd, selber getröstet, und sprach: »Bei den Menschen ist es unmöglich, aber bei Gott sind alle Dinge möglich« – also daß auch die Reichen, denen er hienieden das Urteil sprechen muß, von Gott in seiner unbeschränkten Allmacht dennoch erlöst werden. Hier liegt sein Herz offen vor uns!

Ist es nicht so, daß je höher ein Mensch steht in der Welt und je größer seine Verantwortung ist, desto größer auch der Widerstreit zwischen dem, was er seinem Herzen folgend tun möchte und dem, was er muß? Welcher Herrscher dürfte es wagen, ein Todesurteil zu unterzeichnen, wenn er sich nicht getrösten könnte, daß Gott in seiner allbarmherzigen Allmacht das aufheben kann, was er als Diener der irdischen Gerechtigkeit geschehen lassen muß? Werden nicht alle, die in der Welt etwas ausrichten wollen, hin- und hergeworfen zwischen Liebe und Gerechtigkeit, zwischen Verzeihen und Verurteilen? Jesus hat diesen Kampf schwerer als irgend ein Mensch an sich durchkämpfen müssen. –

Fast zu groß scheint uns die Macht und Verantwortung, die er seinen Jüngern gegeben. Nicht nur, daß er zu Petrus sagt: »Ich will dir des Himmelreiches Schlüssel geben«, worauf sich ja die Ansprüche des Papstes als des Nachfolgers Petri stützen (Matth. 16), sondern auch allen Jüngern verleiht er eine uns unfaßliche Vollmacht, da er zu ihnen sagt: »Wahrlich, ich sage euch: *was ihr auf Erden binden werdet, soll auch im Himmel gebunden sein, und was ihr auf Erden lösen werdet, soll auch im Himmel los sein!«* Hat denn unser Herr nicht vorausgesehen, was Grausiges daraus hervorgeht, wenn man irdischen Menschen eine Vollmacht gibt, die über das Irdische in das Himmlische hineinragt? Hat er nicht geahnt, was die Menschen einmal für einen Mißbrauch damit treiben würden und daß aus dem Körnlein, daß er säte, ein Baum hervorwachsen würde, der sein eigenes Evangelium beschatte, also daß es nicht mehr wachsen könnte? Wie konnte er, der sprach: »Richtet nicht, auf daß ihr nicht gerichtet werdet«, den Jüngern den Fluch über eine Stadt in die Hand geben, da er in der Aussendungsrede sagt: »Und wo euch jemand nicht annehmen wird, noch eure Rede hören, so gehet heraus von demselben Hause oder Stadt, und *schüttelt den Staub von euren Füßen.* Wahrlich, ich sage euch: Dem Lande der Sodomer und Gomorrher wird es erträglicher ergehen am Jüngsten Gericht, denn solcher Stadt.« Seitdem Luther uns erlöst hat von aller geistigen Menschenautorität und allem Menschenfluch, empfinden wir das Furchtbare dieser Worte, wie solche, die einer großen Gefahr entronnen sind.

Und wie stimmt es zu den Gedanken des Herrn, der die freventliche Wundersucht bei seinem Volke schonungslos bekämpft, der schwer unter dieser Wundersucht gelitten, daß er den Jüngern verheißt, daß sie, wenn sie Glauben hätten und nicht zweifelten, nicht nur einen Feigenbaum zum Verdorren bringen könnten, sondern auch einem Berg gebieten »*Hebe dich auf und wirf dich ins Meer*«? Gewiß, er will ihnen nur sagen, daß die Kraft des Glaubens stärker ist als die Welt, und doch, hat er nicht mit diesem Wort die Wundersucht der Menschen für die Zukunft entfesselt und ihnen fast ein Recht gegeben, sichtbare Proben des weltüberwindenden Glaubens zu verlangen? Ehe er verbrannt wurde, war der große Savonarola zu Florenz schon tot: das Volk hatte ihn mit seinen Wunderforderungen zu Tode gehetzt. Es gäbe einen ganzen Band wahnsinniger Weltgeschichte, wenn man alles aufzeichnen wollte, was dieses Wort unter frommen und überspannten Menschen gewirkt hat.

Und unser Herr Jesus soll selbst einen *Feigenbaum,* an dem er keine Frucht fand, da er eines Morgens von Bethanien nach Jerusalem zog, *verflucht haben,* also daß er verdorrte! Wer kann sich unsern Meister so vorstellen? Nein, es kann nicht sein. Sicher ist es nur eine Legende, die im Anschluß an ein Wort oder ein Gleichnis über einen Feigenbaum, der dort am Weg keine Frucht trug, entstanden ist, denn manchmal liegt das Ärgernis nicht in dem Wort des Herrn, sondern in der Form, wie es die Evangelisten überliefert haben. So läßt der Evangelist Lukas den Herrn sagen: »So jemand zu mir kommt und *hasset* nicht seinen Vater, Mutter, Weib, Kinder, Brüder, Schwestern, auch dazu sein eigenes Leben, der kann nicht mein Jünger sein« (Luk. 16). Das ist von diesem Evangelisten übertrieben, denn bei Matthäus sagt der Herr einfach: »Wer Vater oder Mutter *mehr liebt* denn mich, der ist mein nicht wert, und wer Sohn oder Tochter mehr liebt denn mich, der ist mein nicht wert; und wer nicht sein Kreuz auf sich nimmt und folgt mir nach, der ist mein nicht wert.« Überhaupt hat der Evangelist Lukas besonders viele »Worte des Anstoßes«. Bei ihm steht z. B. »*Selig sind die Armen*« statt »Selig sind die geistig Armen« und er allein hat das *Gleichnis vom un-*

gerechten Haushalter, der mit seines Herrn Geld sich betrügerisch Freunde macht, und dafür vom Herrn gelobt wird, daß er klüglich getan (Luk. 16). Wer vermag dies Gleichnis auszulegen? Ist vielleicht nicht hier auch ein Mißverständnis in der Überlieferung des Gleichnisses anzunehmen, wodurch es so entstellt worden ist?
Mögen nun auch manche Worte des Anstoßes ursprünglich nicht solche gewesen sein, sondern durch irgend eine Ungenauigkeit in der Überlieferung erst solche geworden sein: unzweifelhafte Worte des Anstoßes bleiben noch genug. Die Ausleger der Schrift haben sie durch allerlei Künste zweifelhafter Art wegdeuten wollen. Warum denn? Hat es nicht der Herr selbst gewußt, daß die Menschen ihn nicht in allem verstehen würden und nicht verstehen könnten und deshalb Anstoß an ihm nehmen müßten, besonders diejenigen, die nicht begnadet sind, ihn selbst zu sehen und zu hören, sondern nur aus der Ferne von ihm vernehmen? Warum hätte er denn sonst den Abgesandten des Täufers als letztes Wort noch aufgetragen: »*Und selig ist, der sich nicht an mir ärgert!*« Darum verzweifeln wir nicht, wenn wir durch keine Kunst die Worte des Anstoßes wegräumen können, sondern wir sind getrost, daß, wer von der wahren Größe unseres Herrn erfaßt ist, über den Anstoß, an dem die Gleichgültigen zu scheitern behaupten, hinauskommen muß und sich an ihnen erfüllte, auch noch in unserer Zeit, und jetzt mehr denn je: »Und selig ist, der sich nicht an mir ärgert.«

Jesu letzte Weissagungen

Es liegt eine schwere Atmosphäre über den letzten Tagen zu Jerusalem. Kampf allenthalben. Kampf nicht nur, da der Herr mit der Geißel im Tempel umgeht, sondern Kampf auch in den Worten. Man fühlt, wie er jedes Wort wägt, womit er ihnen antwortet, damit er nicht in dem Ringen zu Fall komme. Sein Gesichtsausdruck selbst muß ganz verändert gewesen sein. Nur als das Weib zu Bethanien ihn salbte und dann noch einmal, als er zusah, wie eine Witwe ihren Groschen in den Gotteskasten des Tempels warf, da leuchtete sein Antlitz von jener freudigen Ergriffenheit, wie in den schönsten galiläischen Tagen.

Auch aus den Gleichnissen ist das Sonnenlicht gewichen. Man hört nicht mehr das Rauschen der Saat hindurch, sondern sie sind hinuntergestiegen in das Menschenleben und handeln von Vater und Sohn, von Herr und Knecht, von ungetreuen Verwaltern, räuberischen Pächtern, höhnenden Gästen. Und immer am Ende steht drohend eine Frage, auf die sich das Volk selbst Antworten geben muß und nur eine findet: Wer sind die Schuldigen? – Wir. Der Sohn, der zu seinem Vater sagt ja und dennoch nicht hingeht, wie er versprochen, ist das Volk Israel; die Weingärtner, die die Abgesandten des Herrn und zuletzt den Sohn selbst töten, sind das Volk Israel, wie auch die Leute, die in dem Gleichnis von der königlichen Hochzeit zuerst die Einladung annehmen und dann doch nicht hingehen. In jedem Gleichnis beleidigt er die Menge, die ihm zuhört, samt ihren Leitern. Ob es ihm gelingt, sie aufzuwecken? Sie sehen nicht das Wetter, das in der Ferne heraufzieht, sie hören nicht das dumpfe Grollen des Donners. Sorglos und zuversichtlich leben sie dahin. Ob sie den fernen Donner wohl hören in seinen Worten und es merken, daß das Gericht kommt? Manchmal liegt wie verhaltene Angst in seiner Rede. Wie mag nicht seine Stimme gebebt haben, als er ihnen das Gleichnis von dem wachenden Knecht und von den zehn Jungfrauen erzählte, die sich durch ihre eigene Torheit um das Glück gebracht haben. Viel redet er nicht; ein oder zwei Gleichnisse am Tag zusammen, kaum mehr als die, welche uns die Evangelisten überliefert haben. Stundenlang drängt sich das Volk im Tempel zusammen. Wird der Prophet sprechen? Und einer erzählt dem andern das Gleichnis von gestern. Da, eine große Stille – von Ferne eine Stimme – er redet. »Gleichwie ein Mensch, der über Land zog, rief seine Knechte und tat ihnen seine Güter aus. Und einem gab er fünf Zentner, dem andern zwei« – mühsam bahnen sich die Worte den Weg durch die Menge bis zu dem hinterst Stehenden. Er redet langsam. »Und den unnützen Knecht werfet in die äußerste Finsternis hinaus, da wird sein Heulen und Zähneklappern.« Sie wagen nicht mehr zu atmen. Wird er noch etwas sagen? Wer versteht es? Was meint er mit »über wenigem getreu?« – Hört, er fährt weiter. – »Wenn aber des Menschen Sohn kommen wird« … Sie lauschen. Er predigt ohne Gleichnis vom Gericht. Zum ersten Mal. So hatte er noch nie geredet. »Ich bin hungrig gewesen und ihr habt mich gespeist … Was ihr getan habt, einem unter diesen meinen geringsten Brüdern, das habt ihr mir getan« … Schon wird es dunkel in dem großen Raum. Die vor ihm stehen, sehen sein Angesicht leuchten. Er hat geendet; nun schreitet er mitten durch sie hindurch. Sie wissen nicht, daß er das letzte Mal im Tempel geredet.

Ob wohl alle Weissagungen über die letzten Dinge wörtlich so von Jesus gesprochen worden sind? Als die Jünger ihm die Herrlichkeit des Tempels zeigten, weissagte er ihnen seine Zerstörung. Desselben Tages, abends, da sie auf dem Ölberg waren und noch einmal auf die Stadt zurückschauten, baten sie ihn: »Sage uns, wann wird das geschehen«. Und sie setzten sich und lange redete er zu ihnen von allem, was kommen sollte, von aller Drangsal und aller Verführung, die der Welt bevorstand. Zuletzt aber, wie ein Blitz ausgeht vom Aufgang und scheint bis zum Niedergang, würde der Menschensohn auf den Wolken des Himmels erscheinen; und alles sollte sich noch vor ihren Augen ereignen. »Wahrlich, ich sage euch: Dies Geschlecht wird nicht vergehen, bis daß dies alles geschehe.« Aber wann es kommen wird, ob in den nächsten Tagen, ob erst in Jahren, das weiß er selber nicht. »Von dem Tage aber und von der Stunde weiß niemand, auch die Engel nicht im Himmel, sondern allein mein Vater.« (Matth. 24)

Es wird erzählt, daß die ersten Christen während des jüdischen Krieges, durch eine Weissagung gewarnt, aus Jerusalem flohen nach Pella. Vielleicht sind gerade diese Worte Jesu von den letzten Dingen damals von den christlichen Propheten wiederholt und aufgezeichnet worden und gehören so zu den ersten seiner Reden, die man aufgeschrieben hat. Es heißt nämlich: »Alsdann fliehe auf die Berge, wer im jüdischen Lande ist« (Matth. 24, 16). Oder haben damals die christlichen Propheten von sich aus die Gläubigen zur Flucht aufgefordert und wurden diese Worte dann mit den Weissagungen Jesu selbst vermischt? Möglich wäre es immerhin, besonders da es weiter heißt: »Bittet aber, daß eure Flucht nicht geschehe im Winter oder am Sabbat.« Nicht am Sabbat, damit ihr den Sabbat nicht verletzt durch eine weite Wanderung. So hat eher ein judenchristlicher, noch ganz gesetzesbefangener Prophet gesprochen als Jesus.

Uns erscheint es kaum glaublich, daß Jesus wie seine Zeitgenossen ganz in der Vorstellung von Weltgericht und Weltende gelebt hat. Und doch es ist so. Da er vor dem Hohepriester stand, weissagte er ihm seine Wiederkunft auf den Wolken des Himmels: »Von nun an wird es geschehen, daß ihr sehen werdet des Menschen Sohn sitzen zur Rechten der Kraft und kommen in den Wolken des Himmels.«

Es ist anders gekommen. Gott, den Jesus selbst über all seinem Urteilen und Weissagen weiß, dem er zuletzt doch alles anheimstellt, hat der Welt kein Ende gemacht und ihn, den Herrn, nicht auf purpurgesäumten Wolken wieder zur Erde herniedersteigen lassen, zu richten alles Fleisch. Freilich, Jesus hatte recht gehört, als er den Donner des Gerichts in der Ferne vernahm. Gerade eine Generation nach seinem Tode brach es über das Haus Israel herein; der Tempel wurde zerstört und Jerusalem dem Erdboden gleichgemacht. Unter den Tausenden, die damals am Kreuze verschmachteten, waren noch manche, die mitgerufen »Sein Blut komme über uns und über unsere Kinder«, und die mitgehöhnt unter dem Kreuze: »Weissage, weissage.«

Und wenn seine Weissagungen auch nicht alle in Erfüllung gegangen sind, haben sie nicht den Zweck erfüllt, der jeder wahren Weissagung gesetzt ist, daß sie sich darin gleichsam selbst aufhelle und aufzehre: einem Menschengeschlecht Mut und Hoffnung zum Kämpfen und Dulden zu geben? Was hat denn die ersten Christen, nach St. Paulus, aufrecht erhalten in aller Trübsal? Die Hoffnung auf die Wiederkunft des Herrn. »So tröstet euch nun mit diesen

Worten untereinander«, schreibt Paulus im vierten Kapitel des ersten Briefes an die Thessalonicher, nachdem er ihnen geschildert, wie es bei der Wiederkunft des Herrn zugehen wird.

Sie waren wie Menschen, die einen steilen Bergpfad hinaufklimmen. Nur noch eine hohe Wand vor ihnen, weiter, ob auch das Blut unter den Nägeln hervorbricht; jenseits, da liegt die neue Welt. Harret aus – harret aus, und sie haben ausgeharrt. Wir aber sind wie die, die in der Ebene dahinziehen und den Himmel nur in der Ferne sehen, wo er mit der Erde sich zu berühren scheint; und je näher man kommt, desto weiter rückt er fort. Unsere Illusionen sind matter in den Farben. Wie weit noch, bis es sich erfüllt allenthalben: »Dein Wille geschehe wie im Himmel, also auch auf Erden«? Wir erleben es nicht mehr. Und doch, voran. Ist er auch nicht erschienen, der Menschensohn, wie ein Blitz, der die Wolken spaltet, so ist er doch aufgegangen über der Welt wie ein sanftes, stilles Licht, und in diesem Lichte wandeln, für ihn kämpfen, für ihn arbeiten, ist es nicht Seligkeit genug – und Kraft zum Leben? »Ein *anderes* Gleichnis redete er zu ihnen: Das Himmelreich ist einem Sauerteige gleich...«

Nachwort[1]

Die Lektüre der Bibel war für den Pfarrerssohn Albert Schweitzer aus Günsbach im Elsaß seit seiner Jugend eine Selbstverständlichkeit. Dazu gehörte auch die historisch-kritische Betrachtungsweise, die die biblischen Texte einer wissenschaftlichen Analyse unterzieht, wie das mit anderen antiken Texten auch geschieht. Schweitzers Vater war ein sogenannter liberaler Theologe, der solchen wissenschaftlichen Bemühungen um die Bibel zustimmte; dabei von der Hoffnung getragen, daß die Bibel in ihrer Bedeutung für den modernen Menschen so nicht geschmälert, sondern überhaupt nur in dieser Betrachtungsweise zur Geltung gelangen könne. Das war auch die Auffassung des Sohnes.

Mit seiner Schrift »Das Messianitäts- und Leidensgeheimnis. Eine Skizze des Lebens Jesu« habilitierte sich Albert Schweitzer im Jahre 1902 zum Privatdozenten in der Theologischen Fakultät der Universität Straßburg. Diese Arbeit wurde von der Fakultät angenommen, obwohl sich ihr Verfasser mit ihr in einen schwerwiegenden Gegensatz zu den verbreiteten Auffassungen über das Leben und das Selbstverständnis Jesu brachte. Nach der historisch-kritischen Erforschung des Lebens Jesu in der zweiten Hälfte des 19. Jahrhunderts, wie sie der liberale Protestantismus betrieb, verkündigte Jesus ein ethisches Gottesreich, das er auf Erden begründen wollte. Jesus hielt sich danach nicht für den Messias, wie ihn die Juden seiner Zeit erwarteten,

[1] Wir halten uns in diesem kurzen Bericht an Schweitzers Selbstdarstellung in »Aus meinem Leben und Denken«.

sondern sein Messiasverständnis, zu dem er seine Jünger hinführen wollte, war das eines geistig-ethischen Lehrers. Nach anfänglichen Erfolgen in seiner Lehrtätigkeit fiel die Menge der Menschen, beeinflußt durch die Pharisäer und die Machthaber in Jerusalem, von ihm ab. Jesus hielt sich nun im Bemühen, den Willen Gottes zu erfüllen, für verpflichtet, zur Bewährung und Bestätigung seines geistig-ethischen Messiasverständnisses in den Tod zu gehen.

Diese Deutung des Lebens Jesu hält Schweitzer für falsch. Nach seinem Verständnis der Quellen teilte Jesus die unter seinen Zeitgenossen verbreitete Erwartung, daß Gott in nächster Zukunft sein Reich auf übernatürliche Weise in dieser Welt gegenwärtig setzen werde. Das Reich Gottes ist nach dieser Sicht ausschließlich ein Werk Gottes, nicht aber Ergebnis ethischer Bemühungen von Menschen. Diese Weltzeit wird total zu Ende gehen, wenn der »Menschensohn« des Daniel-Buches, identisch mit dem Messias, auf den Wolken des Himmels kommt. Er wird die Menschen richten. In der verbleibenden Zeit bis zum Anbruch des Reiches Gottes sollen die Menschen sich durch Buße und Umkehr auf dieses Reich vorbereiten.

Nach Schweitzers Auffassung denkt und empfindet Jesus ungebrochen in der jüdischen messianischen Erwartung seiner Zeit; er will sie nicht »vergeistigen«. »Aber er erfüllt sie mit seinem gewaltigen ethischen Geiste, indem er über das Gesetz und die Schriftgelehrten hinaus von den Menschen die Betätigung der absoluten Ethik der Liebe als Erweis ihrer Zugehörigkeit zu Gott und dem Messias und ihres Erwähltseins zum kommenden Reiche verlangt.«

»Der Irrtum der bisherigen Forschung ist, daß sie Jesus

eine Vergeistigung der spätjüdischen messianischen Erwartungen zuschreibt, wo er in Wirklichkeit die ethische Religion der Liebe einfach in sie hineinstellt. Daß so tiefe und geistige Religiosität und Ethik sich mit so naiv-realistischen Anschauungen verbinden könne, will uns zunächst nicht in den Sinn. Es ist aber Tatsache.«

Nach Schweitzers sogenannter »konsequent-eschatologischer« Deutung (Eschatologie = griech. Lehre von den letzten Dingen) von Leben und Verkündigung Jesu hielt dieser sich nicht für den schon existenten Messias, sondern erwartete, daß er erst beim Anbrechen dieses Reiches als Messias offenbar werden würde. In dieser Weltzeit ist seine Aufgabe die eines Verkünders des nahen Gottesreiches. Wer sich zu ihm und seiner Botschaft in Wort und Tat bekennt, zu dem wird sich der Menschensohn bekennen, wenn er kommt.

Zu einem nicht mehr genau zu bestimmenden Zeitpunkt hatte Jesus die Gewißheit, das Gottesreich werde jetzt anbrechen. Deshalb sandte er seine Jünger zu zweien aus, dieses Anbrechen ihrerseits zu verkündigen. In einer Aussendungsrede bereitete er sie auf die zu erwartenden Drangsale, Verfolgungen und Martyrien vor.

Die Erwartung Jesu auf das bald hereinbrechende Reich Gottes erfüllte sich nicht. Jesus hatte sich, nach Schweitzers Auffassung, getäuscht. »Dies kann Jesus sich nur so erklären, daß etwas, das sich zuvor ereignen muß, noch aussteht. In dem Ringen mit der Tatsache des Ausbleibens des Reiches Gottes geht ihm dann die Erkenntnis auf, daß es erst kommen kann, wenn er, als der zukünftige Messias, durch sein Leiden und Sterben Sühne für die zum Reiche Erwählten geleistet und sie dadurch davon befreit habe, die vormessianische Drangsal durchmachen zu müssen.«

»Jesus erwartet also, durch seinen Sühnetod das messianische Reich alsbald, ohne vorherige messianische Drangsal, herbeizuführen. Seinen Richtern stellt er in Aussicht, daß sie ihn als Menschensohn zur Rechten Gottes sitzend und auf den Wolken des Himmel kommend schauen werden. Weil die Jünger das Grab am Morgen nach dem Sabbat leer finden und in ihrer enthusiastischen Erwartung der Herrlichkeit, in der ihr Meister offenbar werden soll, ihn in Visionen als Auferstandenen zu Gesicht bekommen, sind sie gewiß, daß er bei Gott im Himmel ist und bald als Messias erscheinen und das Reich bringen werde.«

So weit die wichtigsten Thesen aus Schweitzers Habilitationsschrift aus dem Jahre 1902, die auch in den »Gesprächen über das Neue Testament« anklingen. Von kleinen Nuancen abgesehen hat Schweitzer sein Leben hindurch an dieser Deutung Jesu festgehalten, deren Zentrum die »konsequente Eschatologie« darstellt.

Um seine hier in der gebotenen Kürze vorgetragene Deutung Jesu forschungsgeschichtlich zu untermauern, schrieb Schweitzer seine »Geschichte der Leben-Jesu-Forschung«, in der er »von Reimarus bis Wrede« alle »Leben Jesu« kritisch analysierte.

Das Ergebnis der Studien Schweitzers zur Leben-Jesu-Forschung schien ihm selbst und anderen zunächst ein destruktives zu sein. Weder konnte nach diesem – jedenfalls scheinbar – Jesus als der Sohn Gottes verstanden werden, wie ihn die neutestamentlichen Schriften bekennen, noch als der Tugend- und Weisheitslehrer, wie ihn Aufklärung und liberaler Protestantismus angesehen hatten. Hat Jesus noch eine religiöse Bedeutung für die Gegenwart und welche, so mußte sich Schweitzer aufgrund seiner Erkenntnisse fragen.

Seine Antwort ist eine positive: »Wir haben uns also in die Tatsache zu finden, daß Jesu Religion der Liebe in der Weltanschauung der Weltenderwartung auftritt. In den Vorstellungen, in denen er sie verkündete, können wir sie nicht zu der unsrigen machen, sondern müssen sie uns in diejenigen unserer neuzeitlichen Weltanschauung übertragen.«

»Nicht mehr wie die, die der Predigt Jesu lauschen durften, erwarten wir, daß das Reich Gottes sich in übernatürlichen Ereignissen verwirklichen werde. Wir halten dafür, daß es allein durch die Kraft des Geistes Jesu in unseren Herzen und in der Welt entsteht. Das einzige aber, worauf es ankommt, ist, daß wir von der Idee des Reiches Gottes so beherrscht sind, wie es Jesus von den Seinen verlangt.«

»Die spätjüdisch-messianische Weltanschauung ist der Krater, aus dem die Flamme der ewigen Religion der Liebe hervorbricht.«

Die Beschäftigung mit dem historischen Jesus läßt die direkte Frage nach seiner gegenwärtigen Bedeutung bald verstummen. Diese drängt sich wie von selbst förmlich auf; denn Schweitzer – und andere mit ihm – machten die Erfahrung, daß Jesus »Gewalt« über den gewinnt, der sich auf ihn einläßt.

»Das wahre Verstehen Jesu ist das von Wille zu Wille. Das wahre Verhältnis zu ihm ist das des Ergriffenseins von ihm. Alle christliche Frömmigkeit ist nur soviel wert, als in ihr Hingabe unseres Willens an den seinen statthat.

Jesus mutet den Menschen nicht zu, daß sie in Worte und Begriffe fassen können, wer er ist. Er hielt es nicht für nötig, denen, die seinen Worten lauschten, Einblick in das Geheimnis seiner Persönlichkeit zu geben und ihnen zu eröffnen, daß er der Abkomme Davids sei, der als Messias offenbar werden solle. Als einziges verlangte er von den Menschen, daß sie in Tun und Leiden sich als solche bewähren, die durch ihn aus dem Sein wie die Welt in das Anderssein als die Welt hineingezwungen sind und dadurch seines Friedens teilhaftig werden.

Weil mir dies über dem Forschen und Denken über Jesus zur Gewißheit wurde, lasse ich die Geschichte der Leben-Jesu-Forschung in den Worten ausklingen: »Als ein Unbekannter und Namenloser kommt er zu uns, wie er am Gestade des Sees an jene Männer, die nicht wußten, wer er war, herantrat. Er sagt dasselbe Wort: Du aber folge mir nach!, und stellt uns vor die Aufgaben, die er in unserer Zeit lösen muß. Er gebietet. Und denjenigen, welche ihm gehorchen, Weisen und Unweisen, wird er sich offenbaren in dem, was sie in seiner Gemeinschaft an Frieden, Wirken, Kämpfen und Leiden erleben durften, und als ein unaussprechliches Geheimnis werden sie erfahren, wer er ist...«

»Die Wahrheit, daß das Ethische das Wesen des Religiösen ausmacht, ist durch Jesu Autorität sichergestellt.«

Die historisch-kritische Betrachtungsweise der biblischen Schriften hat seit den Zeiten Albert Schweitzers allgemeine Anerkennung gefunden; jedenfalls bei all denen, die sich um eine wissenschaftliche Interpretation der Gestalt Jesu und seiner Lehre bemühen. Für den Historiker sind diese Schriften historische Dokumente, die wie andere auch mit den dafür entwickelten Methoden analysiert werden müssen. Es muß herausgearbeitet werden, was deren Autoren auf dem Hintergrund ihrer Zeit, in deren Denk- und Vorstellungsmodellen aussagen wollten, welcher literarischen Formen sie sich bedienten, wie das von ihnen

Überlieferte überlieferungsgeschichtlich zu beurteilen ist und vieles andere mehr. Für die Bejahung solcher Forschungsmethoden gab es auch eine spezifisch theologische Begründung: Wenn man darauf vertraut, daß Gottes Wort in diese geschichtliche Welt eingegangen ist, dann ist die Geschichtlichkeit dieses Vorganges ganz ernstzunehmen; dann muß die Geschichtlichkeit der religiösen Aussagen mit all ihren zeitbedingten Ausdrucksformen sorgfältig herausgearbeitet werden, um das die Zeiten übergreifende eigentlich Gemeinte heute deutlich zur Sprache kommen zu lassen.

Nicht alle Ergebnisse der historischen Forschung des ausgehenden 19. Jahrhunderts haben bis in die Gegenwart hinein unumschränkte Anerkennung gefunden, so auch nicht die Albert Schweitzers. Sie waren ihrerseits geschichtlich bedingt, wie das auch für heutige Forschung gilt. Schweitzer hatte diesen Tatbestand in seiner »Geschichte der Leben-Jesu-Forschung« für seine Vorgänger herausgearbeitet.

Weitgehende Anerkennung fand Schweitzers »konsequente Eschatologie«. Es ist heute kaum noch umstritten, daß Jesus und mit ihm das frühe Christentum das baldige Ende dieser Weltzeit und damit das Hereinbrechen der endgültigen Gottesherrschaft erwarteten. Dann würde der Messias »auf den Wolken des Himmels« erscheinen. Diese Vorstellungen sind auf dem Hintergrund der zeitgenössischen jüdischen Eschatologie zu deuten. Zumindest in einem vordergründigen Sinne haben sich Jesus und die frühen Christen in dieser Erwartung getäuscht. Ob jedoch bei einer tiefergehenden Betrachtungsweise von einer Täuschung gesprochen werden kann, bleibt eine wichtige Frage. Hält man nämlich die Naherwartung des Endes dieser Weltzeit für eine besondere Weise prophetischen Redens, in der der ganze Ernst der menschlichen Entscheidung angesichts des Gottesreiches deutlich werden soll; oder erinnert man daran, daß Jesus möglicherweise auf dem Hintergrund jüdischen Denkens das baldige Hereinbrechen des Gottesreiches nur für den Fall angenommen hat, daß die Menschen seiner Zeit auf seine Predigt mit Glauben und Tat geantwortet hätten (Rabbinen lehrten, daß der Messias käme, wenn ganz Israel nur einen Sabbat geschlossen einhielte); so wird man von Täuschung nicht mehr als angemessener Interpretation der »konsequenten Eschatologie« reden können.

Die Auffassung Schweitzers, Jesus habe sich von einem bestimmten Zeitpunkt an als Messias gewußt und er habe mit seinem Tode endzeitliche Bedrängnisse für seine Anhänger abwehren wollen, ja er habe überhaupt ein bestimmtes, mit historischen Methoden feststellbares »Selbstbewußtsein« gehabt, das sich in der Annahme des Messiastitels niederschlägt, hat keine dauernde Anerkennung gefunden. Man hat darauf aufmerksam gemacht, daß die frühchristlichen Schriften Bekenntnis- und Verkündigungsschriften darstellen, in denen Glaubende Jesus und seine Bedeutung für sie selbst und andere deutend zur Sprache bringen wollen. Dabei bedienen sie sich möglicherweise solcher Hoheitstitel, die in ihrer Umwelt vorhanden waren und die sie auf Jesus anwenden, die aber nicht unbedingt von Jesus selbst für sich gebraucht worden sind wie Messias, Sohn Gottes, Erlöser, Wort Gottes und andere mehr. Es hat sich der Forschungsgrundsatz herausgebildet, nur was nicht aus dem Vorstellungsmaterial des zeitgenössischen Judentums oder der frühen christlichen Gemeinden heraus abgeleitet werden kann, das muß mit

einem Grad von sehr hoher Wahrscheinlichkeit auf Jesus selbst zurückgeführt werden.
Nach diesem Grundsatz kann nicht mit Sicherheit festgestellt werden, ob Jesus überhaupt irgendwelche Titel und gegebenenfalls welche für sich in Anspruch genommen hat. Angenommen werden darf allerdings bei Anwendung dieses Grundsatzes, daß Jesus ein Sendungsbewußtsein hatte, das ihn sich weit über Moses stellen ließ, die unumschränkte Autorität des zeitgenössischen Judentums, und ihn sprechen ließ, »den Alten ist gesagt ..., ich aber sage euch ...«; das ihn veranlaßte, Moses hinsichtlich des Ehescheidungsgebotes zu korrigieren, an Gottes Stelle Sündenvergebung zuzusprechen und ein neues Bild von Gott mit dem Kosenamen Abba zu verkündigen.
Die Reden Jesu, wie sie die ersten drei Evangelisten überliefern, sind nach Auffassung der heutigen Forschung nicht wirklich so gehalten worden wie sie überliefert werden. Sie sind nach ihr vielmehr Zusammenstellungen von überlieferten Sprüchen, die die Verfasser der drei Evangelien vorgenommen haben. Der Vergleich der unterschiedlichen Überlieferung dieser Sprüche in den Evangelien legt diesen Schluß nahe. Das gilt auch für die Aussendungsrede Jesu an die 70 (oder 72) Jünger, die für Schweitzer eine so zentrale Bedeutung hatte. Deshalb können aus dieser Rede nicht die weitgehenden Schlüsse hinsichtlich des Selbstbewußtseins Jesu gezogen werden, die Schweitzer zieht.
So sehr Schweitzer Jesus auf dem Hintergrund seiner Zeit und eben nicht der modernen verstehen will; so sehr er ihn also als eschatologischen Prediger im Rahmen des zeitgenössischen Judentums interpretiert, so sehr liegt für ihn seine überzeitliche Bedeutung eben doch in der von ihm verkündigten Ethik. Diese will er um ihrer überzeitlichen

Bedeutung willen von ihrem zeitbedingten Gewande befreien, um sie in der Gegenwart zur Geltung bringen zu können. Er möchte, daß der Wille Jesu zur Nächstenliebe unseren Willen ergreife und ihn zur Nächstenliebe, philosophisch gesprochen zur »Ehrfurcht vor dem Leben«, bewege. Im Gegensatz zur liberalen protestantischen Theologie und zu der ihr vorangegangenen Aufklärung will er zwar Jesus nicht als modernen Tugend- und Weisheitslehrer interpretieren, sondern ihn aus seiner Zeit heraus als eschatologischen Verkündiger verstehen; – seine aktuelle Bedeutung bleibt jedoch letztlich die, die ihm die liberale Theologie zuschrieb, die eines Anregers ehrfürchtigen religiösen und mitmenschlichen Verhaltens. Für Schweitzer selbst sind Religion und Ethik im Kern gleichzusetzen, so daß Jesus und seine Verkündigung für ihn zum »Krater der Liebesreligion« werden konnten, durch die die Gottesherrschaft von Menschen auf dieser Erde zu schaffen und nicht mehr als Werk Gottes zu erwarten ist. Kann aber Jesus so – gerade bei aller Anerkennung der Methoden historisch-kritischer Forschung und bei dem Bemühen, nach seiner überzeitlichen Bedeutung zu fragen – angemessen verstanden werden? Steht im Zentrum der Verkündigung Jesu wirklich die Ethik an erster Stelle? Schweitzer durchaus folgend muß das für den historischen Jesus verneint werden. Wenn Schweitzer in der Ethik Jesu die überzeitliche Bedeutung seines Wirkens sieht, so ist diese Auffassung bedingt durch Schweitzers selbst historisch zu interpretierende »Voreingenommenheit«, daß Religion und Ethik letztlich gleichzusetzen seien. Sind aber Religion und Ethik im Kern gleichzusetzen – bei Jesus und überhaupt?
Im Hinblick auf die Verkündigung Jesu ist zunächst noch einmal darauf hinzuweisen, daß die Eschatologie, also die

Ankündigung des in naher Zukunft anbrechenden Gottesreiches, und die Ethik keineswegs die einzigen Inhalte seiner Lehre und auch nicht die im Zentrum stehenden sind. Im Zentrum von Jesu Verkündigung steht das neue Bild Gottes, der Abba, gütiger, jedem Menschen ohne dessen Verdienst entgegenkommender und ihn in väterlicher Liebe annehmender Gott ist. Jeden Menschen, jeden einzelnen aus allen Völkern, Schichten, Klassen und Rassen liebt er gleichermaßen und will er in sein von ihm allein zu schaffendes Reich aufnehmen, wenn der Mensch sein jetziges Leben umkehrend sich auf dieses Reich hin in Glaube und Tat ausrichtet. Das Reich Gottes ist so Gottes Geschenk für die Menschen, nicht Ergebnis ihrer ethischen Bemühungen, wie es Schweitzer in ihm durchaus bewußtem Gegensatz zu Jesus als Ziel menschheitlichen Handelns aufstellt. Erst der von Gott angenommene und für sein kommendes Reich gnadenhaft bestimmte Mensch wird dagegen von Jesus mit ethischen Forderungen konfrontiert. Er soll die empfangene Liebe nach seinen beschränkten menschlichen Möglichkeiten an andere Menschen weitergeben, an seinen Nächsten und in Sonderheit an seine Feinde. Aber eben die zuvor empfangene Liebe, die ihm zu seinem Werk verhilft! Deshalb ist nach Jesu Verkündigung Religion nicht einfach identisch mit Ethik; sondern bedeutet zunächst und vor allem die Begegnung des Menschen mit einem Gott, der am Menschen handelt, ehe der Mensch überhaupt handeln kann.
Wer um sein Versagen und die Begrenztheit seiner ethischen Möglichkeiten weiß, wird Jesus dankbar sein für diese Verkündigung und die dadurch gegebene primär »unethische« Bestimmung des Begriffes der Religion. Wer sich durch Jesu Wort von Gott angenommen weiß, wird

sich darauf aufbauend gern nach Kräften bemühen, seinen Mitmenschen, ja seinen Feind anzunehmen; aber eben nicht leistungsorientiert vor Gott seine Hoffnung darauf setzen, der Mensch könne sein Heil durch seine ethischen Bemühungen herbeiführen.

Bei Albert Schweitzer kommt der Begriff der Gnade vor. Jesu ethische Verkündigung zu verstehen, nach ihr handeln, seinem Nächsten vergeben zu können, ist für ihn Gnade. Aber das grundlegende Phänomen der Annahme des Menschen durch Gott »aus Gnade allein«, vom Menschen »durch Glaube allein« übernommen, besonders deutlich geworden bei Paulus, Augustinus und Luther, ist seinem ethisch bestimmten und motivierten religiösen Glauben fern. Es steht aber im Zentrum des Neuen Testaments. Wenn Schweitzer es nahezu ausscheidet, so weil er die überzeitliche Bedeutung der Verkündigung Jesu und Pauli in der Ethik sieht und nicht in der »Rechtfertigung« des Menschen durch Gott allein.

Eine ähnlich geringe Bedeutung hat für Schweitzer der Osterglaube der frühen Christen. Die Auferstehung Jesu steht für diese im Mittelpunkt ihres Glaubens überhaupt; sie bewegt sie, Jesus als den Erhöhten und doch mit ihnen Verbundenen in ihrer Missionstätigkeit zu verkündigen. Ohne den Glauben an die Auferstehung Jesu wäre keine einzige der neutestamentlichen Schriften verfaßt worden, so muß der Historiker aufmerksam machen. Schweitzer führt den Auferstehungsglauben der frühen Christen auf Visionen zurück, in denen diese ihn nach seinem irdischen Tode schauten. Eine eingehende historische Untersuchung wird diesem Tatbestand bei ihm nicht zuteil. Seine persönliche Hoffnung auf ein ewiges Leben hat er mit dem Osterglauben der frühen Christen nicht begründet. Die

Ostererzählungen hat er in seinen »Gesprächen über das Neue Testament« nicht behandelt, sondern die »Gespräche« vorher abgebrochen. Mögen dafür auch andere von ihm übernommene Aufgaben mit verursachend gewesen sein, so dürfte doch auch seine Einschätzung der existenziellen Bedeutsamkeit der Ostererzählungen mitbestimmend gewesen sein.
Als durchaus zeitgeschichtlich, mehr noch aber durch ein bestimmtes Weltbild bedingt, wird man Schweitzers Auffassung verstehen müssen, es bestehe ein undurchbrechlicher naturgesetzlicher Zusammenhang, so daß von Wundern Jesu im eigentlichen Sinne, also von Durchbrechung des naturgesetzlichen Zusammenhanges, nicht gesprochen werden könne. Zwar war Schweitzer überzeugt, Jesus habe in ungewöhnlicher Weise Kranke geheilt. Diese Heilungen waren für ihn Wirkungen der bedeutenden geistigen Persönlichkeit Jesu, durch die er Kranke »psychosomatisch« so heilen konnte, daß auch körperliche Folgen an sich geistig-seelischer Vorgänge eintraten. Reine Naturwunder wie die Weinvermehrung bei der Hochzeit zu Kana, die Speisung vieler Menschen durch die Vermehrung von Brot und Fisch oder das Wandeln über den See hält er folgerichtig für unhistorische Legenden. Für ihn »gibt es nur eine übernatürliche Welt, das ist die geistige«. Philosophischen Erwägungen zur modernen Naturwissenschaft folgend, wonach ein undurchbrechlicher naturgesetzlicher Zusammenhng im Mikrokosmos keineswegs gegeben ist, vor allem aber manche ungewöhnliche Krankenheilungen der jüngsten Vergangenheit etwa in Lourdes berücksichtigend, wird man Schweitzers Auffassung durchaus in Frage stellen müssen.
Sicher ist es zutreffend, die »übernatürliche Welt eine gei-

stige« zu nennen, aber diese vermag doch auf die physische in einer sie radikal umgestaltenden Weise Einfluß zu nehmen, ob sie dabei nun den naturgesetzlichen Zusammenhang durchbricht oder ihn in einer für den Menschen bis jetzt nicht zu erkennenden Weise zur Anwendung bringt. Ein undurchbrechlicher naturgesetzlicher Zusammenhang, wie er sich zweifellos dem Alltagsbewußtsein des modernen Menschen darstellt, mehr noch aber einem bis vor noch nicht langer Zeit als gültig angesehenen naturwissenschaftlichen Weltbild, ist eine keineswegs zwingende Position der Weltdeutung. Wer es für möglich hält, Gott könne in seiner Zuwendung zum Menschen auch naturgesetzliche Zusammenhänge durchbrechen, ist keineswegs von vornherein im Unrecht. Mit dieser Überlegung soll nun allerdings nicht etwa die Historizität aller biblischen Wundererzählungen behauptet werden. Schon der Vergleich ihrer differierenden Darstellung beispielsweise in den verschiedenen Evangelien verbietet das. Zwischen ihren Berichten bestehen bei einer Reihe von Erzählungen unauflösbare Widersprüche. Manche biblische Wunderberichte haben ihre zeitgenössischen Parallelen, so daß eine mit diesen vergleichbare volkstümlich-dichterische Gestaltung bei der jahrzehntelangen mündlichen Überlieferung keineswegs auszuschließen ist.

Den Lehren und Dogmen der Christenheit wollte Schweitzer seine Ehrfurcht nicht versagen. So hat er auch seine Konfirmanden belehrt. Aber bewegt haben sie den Ethiker Schweitzer nicht. Das hängt zusammen mit seiner geistesgeschichtlichen Herkunft aus der Aufklärung und der liberalen Theologie, für die diese Lehren einer als überwunden angesehenen Vergangenheit angehörten.

Für den Glauben heute lebender Menschen, durchaus aufbauend auf historisch-kritischer Bibelwissenschaft und einer mit ihr korrespondierenden Dogmengeschichte, ist jedoch ein neues Anknüpfen an die Lehren der alten Christenheit möglich. Beide genannten Disziplinen wissen darum, daß alle religiösen Aussagen in einem zeitbedingten Gewande formuliert sind, in der Sprache und in den Vorstellungs- und Denkmodellen ihrer Entstehungszeit zum Ausdruck gebracht werden. Dieser Tatbestand schließt aber eine Übertragung in eine andere Zeit mit deren gleichfalls geschichtlich bedingter Sprache und ebenso bedingten Vorstellungs- und Denkmodellen nicht aus.

Im Blick auf die Gestalt Jesu, unter Berücksichtigung der Ergebnisse moderner Wissenschaft, mag sich heutiger Glaube so zur Sprache bringen:

Der Grund allen Seins ist Liebe, Liebe auch zu jedem Menschen. In ihr darf der Mensch sich geborgen wissen, gerade auch in aller Not, in allem Leid und im Tode. Der Tod hat nicht das letzte Wort im Leben des Menschen, sondern eine ewige glückliche Zukunft als unverdientes Geschenk. Weil der Mensch ohne all sein Verdienst ein in Zeit und Ewigkeit Geliebter ist, ehe er seinerseits etwas Gutes getan hätte, soll er diese empfangene Liebe anderen Menschen nach seinen durchaus beschränkten Möglichkeiten weitergeben, sie ihnen in dieser Welt erfahrbar machen. Sogar seinen Feinden soll der Mensch solche fürsorgende Liebe zukommen lassen. Der Geliebte soll Liebe erwecken.

All das ist abzulesen an Jesus von Nazareth. Er hat den Grund des Seins – Gott – als den liebenden Vater der Menschen verkündet. Er hat diese Liebe erfahrbar, anschaulich gemacht in seiner Zuwendung zu den Verachteten, Ausgestoßenen, Kranken, ja zu den »Sündern«, die gegen das Gebot der Mitmenschlichkeit verstoßen hatten. Ihnen hat er im Namen seines Vaters Vergebung ihrer Schuld zugesprochen. Um seinem Lebensstil und seiner Lehre treu zu bleiben, ist Jesus in den Tod gegangen. Scheinbar in Gottverlassenheit ist er gestorben wie viele andere Menschen auch. So zeigte er seine und seines Vaters Solidarität mit jedem scheinbar sinnlosen Sterben. Durch »Erscheinungen« ist in seinen Freunden der Glaube und die Hoffnung erweckt worden, Jesus lebt in Ewigkeit und bleibt doch ihnen auf dieser Erde verbunden.

Wer sich um Jesu Nachfolge in dieser Welt bemüht – dabei auch um die »Ehrfurcht vor dem Leben«, mit Albert Schweitzer philosophisch gesprochen –, der darf ihm auch nachfolgen in jene andere Welt bei Gott mit ihrem ewigen Glück, in der Gott »alle Tränen abwischen wird«. Dieses neue Leben wird ein ganzheitlich-menschliches sein. Es wird die Dimension des Leibes mit einschließen, nicht nur die der »Seele«, wie die Griechen meinten.

Spekulationen darüber, ob Atome und Moleküle aus unserer irdischen Existenz in den »geistlichen Leib« (Paulus) eingehen, sind nicht erforderlich. Weil in der Ewigkeit die Zeit aufhört zu existieren, weil sie reine Gegenwart ist, deshalb sind »Auferstehung« Jesu, unser Tod und »Auferstehen«, der »Jüngste Tag« mit seiner Neuschöpfung der Natur und der Menschheit letztlich identisch, obwohl sie in *irdischen* Bildern in zeitlicher Abfolge vorgestellt und gedacht werden.

Leben und Lehre Jesu sind zunächst ein menschliches, ein zutiefst menschliches Geschehen; aber eben gerade darin ein Geschehen Gottes. Der geschichtliche Mensch Jesus von Nazareth ist das »Wort Gottes« an uns. Oder: »Gott war in Jesus Christus«, wie Paulus sagt. In ihm hat sich Gott »geoffenbart«, wie er für uns ist. Weil Gott in Jesus

ganz und gar für uns anwesend war, deshalb kann man in der Sprache der alten Kirche von den zwei Naturen in Jesus Christus sprechen: der menschlichen und der göttlichen.
Wer und wie Jesus war, in welcher Weise Gott in ihm anwesend war, das kann durchaus in Geschichten überliefert und gedeutet werden, die der Historiker für Legenden halten mag, also für Erzählungen, in denen auf der Grundlage historischer Tatsächlichkeit dichterisch gestaltend und deutend berichtet wird. Historisch berechtigte Zweifel an manchen biblischen Erzählungen heben nicht deren Bedeutsamkeit für die Deutung der Gestalt Jesu und unserer eigenen menschlichen Existenz auf.
Alle diejenigen, die sich um die Nachfolge Jesu in Glaube und Lebensgestaltung bemühen, sollen untereinander in seinem Geiste Gemeinschaft halten, in der »Gemeinde des Herrn« (Kyrios = der Herr; Kyriaké = Herrengemeinschaft = Kirche). In ihr herrscht bei aller menschlichen Gebrochenheit Jesu Geist, der der Geist Gottes ist, der Gott selber ist: der Heilige Geist.